*Hans Arnold*

# Neue Novellen

Hans Arnold

**Neue Novellen**

ISBN/EAN: 9783959137164

Auflage: 1

Erscheinungsjahr: 2017

Erscheinungsort: Treuchtlingen, Deutschland

Literaricon Verlag UG (haftungsgeschränkt), Uhlbergstr. 18, 91757 Treuchtlingen. Geschäftsführer: Günther Reiter-Werdin, www.literaricon.de. Dieser Titel ist ein Nachdruck eines historischen Buches. Es musste auf alte Vorlagen zurückgegriffen werden; hieraus zwangsläufig resultierende Qualitätsverluste bitten wir zu entschuldigen.

Printed in Germany

Cover: Pietro Longhi, Der Zahnzieher (Ausschnitt), Abb. gemeinfrei

# Neue Novellen

von

Hans Arnold.

Stuttgart.
Verlag von Adolf Bonz & Comp.
1884.

Druck von A. Bonz' Erben in Stuttgart.

# Meinen Eltern

in Liebe und Dankbarkeit

zugeeignet.

# Inhalt.

|  | Seite |
|---|---|
| Die kranke Familie . | 1 |
| Die Landpartie . | 77 |
| Schach der Königin . | . . . 117 |
| Angenehme Gäste . | 183 |
| Papas Zahnschmerzen . | . . . 249 |

# Die kranke Familie.

## I.

"Und nicht wahr, Herr Doktor, Sie sprechen über die Sache nicht?" sagte die kleine, dicke Frau Rendant Schulze und zupfte verschämt an ihrer Blondenhaube, "es ist mir wirklich fast gegen meinen Willen entschlüpft, denn, wie gesagt, von einer offiziellen Verlobung ist nicht die Rede! Ich muß doch den jungen Mann erst s e h e n! — aber nach allem, was mir meine Emilie schreibt, kann ich ja nur glauben, daß es ein großes Glück ist — ein ordentlicher, stiller, gesetzter Mensch mit seinem reichlichen Auskommen und in so guter Stellung — es ist doch, als wenn es Bestimmung wäre, wenn man sich denkt, daß meine Emilie nun gerade zur Pflege zu meiner andern Tochter muß und dort den Assessor kennen lernt. Natürlich wird es mir nicht leicht werden, mich von dem Kinde zu trennen — aber ich habe ja noch meine Alwine! Die will nicht heirathen — „ich heirathe nicht, Mutter," sagt sie — man kann zwar auf so was nicht bauen — aber meine Alwine ist so für sich — so mehr fürs Häusliche — sie ist wirklich ungemein fürs Häusliche — und das wäre ja für jeden Mann ein Glück! Aber wie die Welt ist, solche Mädchen kommen schwer an. Meine Emilie hat so mehr Aeußerliches, sie weiß mehr von sich zu machen — aber wenn ich sagen soll, daß eine von beiden die Gediegenere ist — eine Mutter soll ja keinen Unterschied machen und macht auch keinen — aber man darf darum nicht blind sein — und die Gediegenere ist meine Alwine! Sie ist freilich auch älter, aber die paar Jahre machens nicht aus, nicht wahr, Herr Doktor?"

Doktor Müllner, der schon im Begriff gewesen war, zu gehen, hatte den üblichen Redestrom der guten Rendantin wehrlos über sich hinbrausen lassen und sehr gutmüthig zugehört, auch von Zeit zu Zeit nach Bedarf genickt oder den Kopf geschüttelt — jetzt wollte er aber wirklich fort.

„Noch eins, Herr Doktor," sagte die Rendantin in dem Augenblicke, als er schon die Hand an der Thürklinke hatte, um sich zu empfehlen, „noch eins. Meine Alwine war gestern bei Rottmanns — bei Ihren Freunden, Herr Doktor, zum großen Kaffee. Rottmanns geben ja eigentlich nur noch Kaffees, die Frau ist doch zu gebunden durch den kränklichen Mann — niemand weiß besser, wie ich, was das heißen will, denn mein seliger Mann war auch so kränklich, da kann man das recht mitfühlen! Ja, was ich sagen wollte — also meine Alwine war gestern dort zum Kaffee, und da brachte sie mir die Neuigkeit mit, daß Frau Doktor Stein — Sie wissen ja, die junge Frau, die jetzt dort auf Besuch — bei der Dilettantenaufführung mitwirken will. Was sagen Sie dazu?"

„Ich sage grundsätzlich nie das Geringste zu etwas, was meine Nebenmenschen thun, verehrte Frau Rendant," gab der Doktor ganz ernsthaft zurück, „ich habe zu wenig Zeit dazu!"

„Ja, ja, ich bin ganz Ihrer Ansicht," pflichtete Frau Schulze etwas verlegen bei — „ich bekümmere mich auch sonst nie um die Angelegenheiten anderer Leute — mein Gott, da könnte man weit kommen, man hat genug Sorgen und Bedenken mit sich selber — nicht, daß ich klagen wollte, nein, Gottlob, es geht mir ja sonst in meinem Witwenstande ganz gut, und die Kinder sind soweit auch gerathen — na, man hat sie sich auch sauer werden lassen, was hat mir meine Alwine allein mit den Zähnen für Noth gemacht — geschrieen, geschrieen Tag und Nacht, bis die Nachbarn herumschickten — ja, das war ein Kreuz! Na, wenn es überstanden ist, denkt man nicht mehr daran! Aber von was sprachen wir doch — richtig, von der jungen Frau — ja, das ist doch zu auffallend, daß sie nun schon mehrere Wochen hier ohne ihren Mann ist und alle Vergnügungen mitmacht! Man kann nur sagen, sie muß einen recht nachsichtigen Eheherren haben!"

"Wohl ihr!" erwiderte der Doktor lakonisch und empfahl sich. Als er auf der Straße angelangt war, sagte er halblaut vor sich hin: "schade!"

Doktor Müllner war ein großer, stattlicher Mann, im Anfange der Dreißiger, mit einem so guten, klugen, humoristischen Gesicht, daß jeder, der ihn ansah und es mit dem weiblichen Geschlecht wohlmeinte, lebhaft bedauern mußte, daß er sich noch nicht verheirathet hatte. Der Doktor selbst hatte bis vor kurzem dies Bedauern absolut nicht getheilt und war an seinen schönen und unschönen Patientinnen ungerührten Herzens vorbei gegangen. Seit — ja genau seit heut vor fünf Wochen aber ertappte er sich bisweilen auf einem tiefen Seufzer, auf einem Gefühl unbestimmten Bedauerns — und gewöhnlich sagte er dann, wie eben jetzt, vor sich hin: „schade."

Er schritt gedankenvoll die Straße herunter, und überlegte sich, wie denn das alles zugegangen war. Ja, heute vor fünf Wochen kam er wieder einmal zu seinem Freunde, dem früheren Gutsbesitzer und Lieutenant Rottmann, der an einer ganzen Serie eingebildeter Leiden laborirte. Die junge Frau dieses Patienten, die dem Arzt auch schon jahrelang befreundet war, lebte in einem kleinen Kriege mit ihm wegen seines Mangels an Heirathslust und wollte ihn gar zu gern bekehren. Aber es nützte nichts!

An jenem Tage nun saß Müllner mit seinem Freunde und dessen alter Tante zusammen, die ihn von rechts und links mit Symptomen bombardirten, und denen er aufmerksam mit seinem freundlich ironischen Lächeln zuhörte. Da war die Thüre auf=

gegangen und eine junge Dame hereingetreten! Der Doktor hatte es bisher immer für eine Fabel gehalten, wenn ihm jemand von einem — sagen wir „Hingerissensein" auf den ersten Blick erzählt hatte. — Aber nun mußte er es an sich selbst erfahren! Die Eintretende, eine schlanke, mädchenhafte Gestalt mit einem übermüthigen, lieblichen Gesicht und lustigen grauen Augen hatte es ihm auf den ersten Blick angethan! Er wurde so verwirrt, daß er dem Lieutenant etwas für das Ohrensausen der Tante, und der Tante eine Einreibung gegen den Rheumatismus des Lieutenants verschrieb.

Als die junge Hausfrau, ihn ob seines unverhohlenen Wohlgefallens an der Fremden schelmisch ansehend, vorstellte: „Herr Doktor Müllner — meine Freundin, Frau Lisbeth Stein" — da empfand der Vorgestellte einen ganz unverhältnißmäßigen Schreck. Seine erste, schnöde Hoffnung, die junge Dame könnte Wittwe sein, trog — es waren noch nicht zwei Minuten vergangen, als Frau Anna ihre Freundin fragte: „Hat Dir der Briefträger heut Nachrichten von Deinem Manne gebracht?" worauf die Freundin nickte, lachte und roth wurde.

„Sie wird über ihren Mann roth," dachte

der Doktor ärgerlich, „also noch in den Flitter=
wochen."

Als er nach diesem Besuch das Haus verließ,
hatte er zum ersten Mal halblaut gesagt: „schade!"
Das wurde für die nächste Zeit der Grundakkord
seiner Stimmung — es war eine dumme Geschichte! —

Er wollte das Haus seiner Freunde möglichst
selten betreten — aber es gieng nicht — das Ge=
schick verschwor sich förmlich gegen ihn! Heute hatte
schon wieder in aller Frühe ein dreieckiges Billetchen
ihn aufgefordert, den Nerven der Rottmannschen
Familie seine Aufwartung zu machen, und wir finden
ihn eben im Begriff, sich dorthin zu begeben.

Da er aber unterwegs vielleicht noch manchmal
aufgehalten wird, wie das ja einem Arzte leicht
passiren kann, so wollen wir ihm vorausgehen,
uns überzeugen, wie es bei Rottmanns aussieht,
und uns die junge Frau, die den Doktor so aus
dem Gleichgewicht gebracht hat, einmal in der Nähe
betrachten. Wir haben nicht mehr weit zu gehen
— dort in dem hübschen Hause an der Promenade
ist unser Ziel erreicht.

Wenn man von einem „früheren" Gutsbesitzer
hört, so stellt man sich darunter gewöhnlich einen

älteren Herrn vor, der sich von den Anstrengungen des Ackerbaues zu wohlverdienter Ruhe zurückgezogen hat. In unserem Falle aber stimmte das nicht.

Herr Rottmann hatte sein Gut nur verkauft, weil er seiner und seiner Tante Gesundheit wegen nicht auf dem Lande leben zu können glaubte, und war vor einiger Zeit nach W. gezogen, weil Doktor Müllner, ein Jugendbekannter von ihm, sich dort niedergelassen hatte und für den besten Arzt galt.

Die Familie war wieder einmal in ihrer eigenen Wohnung umgezogen, indem sie jetzt, nach nahezu einem Jahre, noch nicht mit dem Einrichten und Eintheilen der Zimmer fertig werden konnte. Das Problem dieser Eintheilung zu lösen, war nicht so leicht, wie es dem Unbetheiligten geschienen hätte. Rottmann sowohl wie seine Tante mußten ihre ganz besonderen Eigenthümlichkeiten und zahllosen Leiden bei der Wahl eines Wohnraumes berücksichtigen, und die arme, junge Hausfrau, die weder an wirklichen, noch an eingebildeten Krankheiten laborirte, sah ihre Anordnungen in betreff der Wohnung stets auf so schwankem Boden stehen, als wenn sie auf dem berühmten „Kraken" Sindbads des Seefahrers ihr Domizil aufgeschlagen hätten,

statt in einer ganz stabilen Stadt Norddeutsch=
lands.

Herr Heinrich Rottmann, oder wie er sich lieber
nennen hörte, Herr Lieutenant Rottmann, konnte
nicht nach der Straße zu schlafen, weil ihn das
Wagengerassel störte, und in keiner Hinterstube, weil
dort die Sonne fehlte, die das nöthige Ozon er=
zeugt. Die Tante hatte noch nicht e i n e n Raum
in dem Quartier entdeckt, in dem es nicht nach Essen
roch oder wo die Fenster ordentlich schlossen. So
vergieng denn eine Reihe von Tagen in jeder Woche
damit, daß die beiden Patienten in allen Zimmern
der Wohnung Probe schliefen, bis dann wieder ein=
mal zwei passende Lokalitäten gefunden waren, die
allerdings dem Ideal eines gesunden Schlafzimmers
in keiner Weise entsprachen, aber in Ermangelung
von besserem „unterdeß" seufzend acceptirt wurden.

Die vielduldenden Dienstboten, die wie Rangir=
züge mit demselben Bette Abend für Abend durch
die Wohnung rutschten, schoben und hoben, sich
ächzend „Schaden thaten" und sich — ein unfehl=
bares Mittel gewisser Volksklassen — gegenseitig
„zogen," so weit die Kräfte reichten — diese Dienst=
boten also durften sich heut, an einem warmen, aber

windigen Oktobertage der süßen Hoffnung hingeben, daß der Lieutenant sowohl wie Tante Agnes nunmehr einige Tage in ihren verschiedenen Behausungen bleiben würden. Es war etwa drei Uhr — bei Rottmanns galt dies noch für Vormittag.

Im Hause herrschte, dieser Tageszeit zum Trotz, tiefe Stille. Frau Anna Rottmann saß mit ihrem Gast in der großen Wohnstube; beide Damen sprachen im Flüsterton und strickten behutsam, um nicht mit den Nadeln zu klappern. Die jüngere der Arbeitenden ließ ihr Strickzeug unvorsichtig zur Erde fallen.

„Lisbeth!" rief Frau Anna strafend und deutete angstvoll nach der offenen Thüre.

„Ach verzeih!" erwiderte die Angeredete und blickte mit ihren großen grauen Augen erschrocken auf die Freundin. Dann lehnte sie sich nachdenklich in den Stuhl zurück und seufzte.

„Weißt Du, Anna," begann sie mit einem gewissen Zögern, „ich ärgere mich jetzt manchmal, daß wir den Leuten hier den Unsinn über mich vorgeredet haben. Ich muß so viel große und kleine Lügen sagen — es ist gar nicht durchzumachen! Zuerst war es ganz spaßhaft, und den fremden Menschen gegenüber geht es ja noch — aber —"

„Aber z. B. Müllner gegenüber — was, Lisbeth? da möchtest Du Deinen Märchengatten gern los sein?" neckte Anna.

„Nun ja!" gestand Lisbeth tief erröthend aber tapfer ein, „ich sage es Dir gerade — wenn Müllner sich mit seinem ehrlichen Gesichte nach dem Befinden „meines Herrn Gemahls" erkundigt, dann ist es mir unerträglich, ihm etwas vorzuschwindeln! Und ich werde auch jedesmal so töblich verlegen," fuhr sie halb lachend, halb ärgerlich fort, „daß der Doktor sicher schon denkt, ich lebe in einer unglücklichen Ehe, und mich immer ganz theilnehmend ansieht. Es ist zu dumm!"

„Siehst Du, mein Kind," sagte Anna bedächtig, „ein andermal glaube mir! Als mein Mann sich die Komödie erdachte, Dich für verheirathet auszugeben, damit Müllner Dir nicht den Hof machen und seine und Tante Agnes Krankheiten darüber weniger interessant finden sollte, da giengst Du mit Feuereifer auf den Spaß ein, und meine „aber Heinrich — aber Lisbeth!" waren philiströs. Und jetzt, nachdem Du Müllner kennst und einsiehst, daß er eigentlich viel zu gut ist für solche Maskenscherze, nun möchtest Du zurück. So gehts nachher."

Lisbeth hatte ihre Arbeit wieder aufgenommen und strickte eifrig Pulswärmer für den Hausherrn, — jede der Freundinnen lieferte ein Exemplar, da Heinrich plötzlich an kalten Händen litt und es nicht mehr einen halben Tag ohne Pulswärmer aushalten zu können behauptete.

„Anna," begann das junge Mädchen dann wieder ohne aufzusehen, „ich habe gestern noch etwas Dummes gemacht."

Anna schien nicht sehr verwundert. „Was denn?"

„Also — ich muß Dir zuerst sagen, daß ich schon ein paar Mal im Begriffe war, mich zu verrathen! Aber wenn der Doktor dann feierlich von meinem Manne sprach, dann wurde mir die Geschichte wieder so komisch, daß ich es nicht übers Herz brachte, ihn nicht weiter zu necken."

Anna schüttelte den Kopf.

„Schüttle nicht!" rief Lisbeth lachend, „dadurch werde ich auch nicht gebessert. Höre lieber. Also gestern bei Deinem großen Kaffee war doch Alwine Schulze hier — Du weißt ja, daß ich sie nicht leiden kann mit ihren tausend Löckchen und rothen Schleifen — nebenbei thut sie immer so, als ob Müllner wunder welches zarte Interesse an ihr nähme."

"Vielleicht thut es!" warf Anna ernsthaft ein. "Nun, das wissen wir besser!" erwiderte Lisbeth übermüthig. "Du warst gerade drüben bei Heinrich, und die Damen, besonders Alwine, fiengen wieder an, von meinem Manne zu sprechen. Ich erzählte ihnen nun recht ausführlich und ehrbar von diesem Wundermann, machte ihn zum Juristen und führte sie recht hübsch an. Als sie mich dann fragten, ob ich denn kein Bild von ihm zeigen könnte, gerieth ich doch etwas in Verlegenheit. Aber schnell entschlossen gieng ich in Deines Mannes Stube und blätterte sein Album durch in der Absicht, irgend ein recht greuliches Geschöpf heraus zu finden, um ihnen damit ein Entsetzen einzujagen. Nun will aber der Zufall, daß mir ein Bild — übrigens ein recht gewöhnliches Gesicht — in die Hände fällt, worunter steht "Doktor Stein". Das amüsirte mich — "halt," denke ich, "da hast du ja deinen Mann!" ziehe, ohne es weiter zu überlegen, das Bild aus dem Album und präsentire es dem ganzen Damenkaffee. Es macht die Runde — "ein sehr angenehmes Gesicht," sagten sie natürlich, und eben will ich, innerlich jubelnd, daß sie so in die Falle gehen, das Bild an mich nehmen, als Müllner kommt, den

Heinrich wieder wegen irgend etwas hatte holen lassen. Er wollte wohl nur durch das Zimmer gehen, aber Alwine sprang sofort auf: „Hier, Herr Doktor, das wird Sie ja auch interessiren — hier ist der Gatte unseres liebenswürdigen Gastes im Bilde zu bewundern." Er sah sichs an, warf mir einen kleinen ernsten Seitenblick zu und gieng zu Heinrich, nachdem er mir das Bild wieder gegeben hatte. Und nun ist es doch wieder viel schwerer für mich, ihm alles zu gestehen."

„Ich thäte es auch an Deiner Stelle nicht, Lisbeth," sagte Frau Anna nachdrücklich. „Was sollte er sich wohl dabei denken, wenn Du ihm jetzt plötzlich beglückend mittheiltest, „ich bin noch frei." Ueberlege mal!"

„Du hast recht," erwiderte Lisbeth bedrückt und erröthete wieder, „es kommt ja auch nicht darauf an, ich mag es nur so ungern, daß er mich falsch beurtheilt."

„Guten Tag, meine Damen," sagte in dem Augenblick die Stimme des Doktors, der in diesem Gespräch eine so erhebliche Rolle gespielt hatte.

„Lieber Doktor — seien Sie barmherzig — dröhnen Sie nicht so mit den Stiefeln — versuchen

Sie einmal zu schweben — ja?" rief ihm Frau Anna als Begrüßung mit gedämpfter Stimme entgegen.

„Was ist denn wieder los?" fragte der Doktor, indem er sich bemühte, ihrer Weisung nachzukommen — freilich mit wenig Erfolg, denn das Schweben war nicht seine Sache.

„Heinrich und Tante haben sehr schlecht geschlafen, weil sie an die neuen Schlafzimmer noch nicht gewöhnt sind. Tante Agnes behauptete, kein Auge geschlossen zu haben, und Heinrich, der auf mein Zureden eine Stunde ausgieng, kam ganz elend zurück. Da hat er sich noch ein wenig hingelegt und ich sitze hier als Cerberus und bewache die Thür."

Der Doktor lachte.

„Sie riefen beide schon in aller Frühe nach Bromkali," fuhr die junge Frau fort, „es war aber keins mehr im Hause."

„Und das ist recht gut," sagte der Doktor ärgerlich, „Ihr Mann soll nicht immerfort Medizin schlucken, er züchtet sich künstlich eine Krankheit am Spalier! Wenn er sich, wie es für seine Jahre paßt, vernünftig mit etwas beschäftigte, und — ver=

zeihen Sie meine Offenheit — wenn man ihn von der sogenannten Tante Agnes operiren könnte, fehlte ihm gar nichts — die kann einen Gesunden krank machen."

„Das sage ich ja!" stimmte Anna eifrig bei, „da sitzen sie sich nun von früh bis spät gegenüber, beobachten einander und bedauern einander, und Heinrichs guter Humor geht darüber ganz zu Grunde. Sie haben ihn doch gekannt, wie er noch so lustig war."

„Manchmal ist ers auch noch," tröstete der Doktor, „und Sie, Frau Anna, Sie behalten ja den Kopf immer oben!"

„Es ist nicht mehr so arg damit," seufzte die junge Frau, „und mein Adjutant hier wird mir auch schon ganz ernsthaft, nicht wahr, Lisbeth?"

„So ziemlich," gab die Angeredete mit erkünstelter Unbefangenheit zurück, indem sie sich erhob und, um den sie scharf beobachtenden Augen des Doktors auszuweichen, das Zimmer verließ. Der Doktor sah ihr gedankenvoll nach.

Da öffnete sich die Thür und der Hausherr trat ein, gefolgt von seinem Hunde Piccolo, einem überfetten, keuchenden Pinscher mit Ponyhaaren, thränenvollen Augen und einer rosafarbenen, seit=

wärts heraushängenden Zunge — ein Hund, wie man deren oft in kinderlosen Familien trifft und von denen man sich anbellen lassen muß, ohne eine Miene zu verziehen.

Der glückliche Besitzer dieses Hündchens reichte seinem Freunde die Hand und wollte ihn eben begrüßen, als Piccolo, seinen Gewohnheiten und Eigenthümlichkeiten getreu, wie rasend auf den Arzt losfuhr, nach seinen Stiefeln schnappte und so lange bellte, bis er sich im wahren Sinne des Wortes „ausgebellt" hatte und ohnmächtig neben dem Sopha niederfiel.

„Ja, er ist fabelhaft wachsam," sagte der Lieutenant mit einem gewissen Stolz als einzige Entschuldigung, als er seinen Liebling emporhob und in eine Ecke legte.

„Und so liebenswürdig," bemerkte der Doktor trocken, „aber ich will Dein Vaterherz nicht durch Bemerkungen über Piccolo verwunden — er wird sich doch nicht mehr ändern! Und nun, Heinrich, wie gehts Dir?"

„Na!" erwiderte Heinrich vielsagend, „ich hätte jetzt gern ein paar Stunden geschlafen, aber Ihr habt ja hier eine Unterhaltung geführt, bei der die Todten aufwachen müssen. Anna, bitte, laß jetzt das Stricken sein, Du weißt, ich bekomme mein Kribbeln in den Fingerspitzen, wenn ich Dich so haspeln sehe."

Es ist eine Eigenthümlichkeit der meisten Hypochonder, daß sie ihre Leiden mit Vorliebe „mein" nennen — meine Migräne — mein Gesichtsschmerz — als wenn sie ihnen jemand wegnehmen wollte!

„Das beunruhigt mich nämlich recht, Müllner," fuhr Heinrich angstvoll fort, „ich habe jetzt bisweilen ein solches Kribbeln in den Händen bis in die Schulter hinauf. Und heute ist mir auch der rechte Fuß eingeschlafen. Was macht man denn da?"

„Man weckt ihn wieder auf," sagte der Doktor, „ich wollte heute übrigens gar nicht nach Dir sehen, Heinrich, sondern nach Deiner Frau, die scheint mir ganz angegriffen! Nimm doch etwas mit ihr vor — gehen wir heute Abend einmal alle ins Theater, ich habe gerade Zeit!"

„Um Himmels willen!" rief Heinrich und faßte sich an den Kopf, „ich ins Theater! Ich kann an keine Gasflammen denken ohne Augenschmerz, und die Hitze —"

„Auf meine Verantwortung," beharrte der Doktor,

„thu' es Deiner Frau zuliebe — sie ist wirklich kaput und braucht einmal eine Abwechselung!"

„Anna?" fragte der Hausherr überrascht und beleidigt — er und seine Tante hatten gleichsam Patente auf das Kranksein genommen — „ach bewahre, Müllner, — Anna fehlt nichts! Ich wollte, ich hätte die Gesundheit! Anna, fehlt Dir etwas?" wandte er sich gereizt an seine Frau.

„Nicht das Geringste," beruhigte ihn Anna. „Der Doktor bildet es sich nur ein, aber darin hat er recht, daß Du Dich etwas zerstreuen solltest! Geh jetzt ein halbes Stündchen spazieren!"

„Ich? Aber siehst Du denn nicht?" Er deutete auf sein kurzgeschorenes Haupt. „Ich habe mir ja die Haare schneiden lassen! Ich hätte es übrigens nicht thun sollen," setzte er düster hinzu, „ich werde mir bei dem Winde was Schönes geholt haben! Es ist mir schon so gewiß fiebrig! A propos, Müllner, Du wolltest mir ja einen Thermometer besorgen — ich bat Dich schon vorgestern darum."

„Kanns nicht auch ein Barometer sein?" fragte Müllner in seiner ironischen Weise, „wenn Ihr jetzt auch noch anfangt zu messen, dann lege ich die Praxis nieder! Wo ist denn die Tante? Schläft sie auch noch?"

„Nein, sie war auf!" erwiderte Heinrich, „sie ist sogar schon in die Apotheke gegangen, wird aber bald wieder hier sein."

„Wieder einmal!" bemerkte der Doktor ruhig, „na, der Apotheker wird Euch segnen, Ihr sorgt ja für seinen halben Lebensunterhalt. Adieu für jetzt."

„Bleibe doch noch ein paar Minuten," bat Heinrich.

„Nein, ich muß weiter," sagte Müllner etwas hastig — ihm schien nicht gerade nach Tante Agnes zu gelüsten.

„Müllner, Müllner," schrie Heinrich ängstlich und hielt den Freund am Aermel fest, „so eile doch nicht so! Du hast mir noch nichts über meinen eingeschlafenen Fuß gesagt — was meinst Du denn dazu?"

„Schläft er denn immer noch?" fragte der Doktor lachend.

„Nein!" gestand sein Freund zögernd zu.

„Na, dann laß ihn doch — er wird müde gewesen sein — unsereins macht ja auch einmal ein Schläfchen," sagte Müllner nachsichtig und wandte sich zum Gehen. „Frau Anna, auf ein Wort — ja?" — — Anna folgte ihm vor die Thür.

Der Doktor stand einen Augenblick zögernd und schweigend vor der jungen Frau, dann sagte er:

"Wann kann ich denn wohl eine Viertelstunde allein mit Ihnen sprechen, beste Freundin — ich möchte Ihnen etwas sagen!"

Er sah so ernsthaft und bekümmert aus, daß Frau Anna kaum der Versuchung widerstand, die ganze Intrigue, die dem armen Doktor so viel Kopfzerbrechen machte, schon jetzt zu erklären — aber so ohne Einleitung gieng das doch nicht. Sie überlegte einen Augenblick.

"Kommen Sie heut Abend zum Thee," sagte sie dann und gab ihm die Hand, "und stellen Sie sich etwas früher ein — ich will schon dafür sorgen, daß wir ungestört bleiben."

Sie nickte ihm zu und gieng hinein, während der Doktor nachdenklich die Treppe hinabstieg und seinen Entschluß innerlich festhämmerte. —

Als Anna wieder eintrat, saß ihr Mann mit sichtlich gespitzten Ohren da.

"Nun — was wollte Müllner? — Er hat Dir wohl gesagt, was er von meinem Fuß denkt — ich merkte ihm gleich an, daß er die Sache nicht so leicht nimmt."

„Ach bewahre," erwiderte Anna ungeduldig, „er fragte, ob er heut Abend zum Thee kommen könnte."

Heinrich lächelte ungläubig.

„Dazu wird er Dich herausrufen! Na, es bleibt sich gleich! Ich habe übrigens immer noch ein unbestimmtes Gefühl im Fuß, — ich werde doch mal zwanzig Kniebeugungen machen, bis die Suppe kommt — was meinst Du?"

„Natürlich, — mache Du zwanzig Kniebeugungen," sagte die junge Frau im Hinausgehen, „da wird Dir die Zeit nicht lang. Ich sehe derweil nach dem Essen."

## II.

Die Mahlzeiten in der Rottmannschen Familie waren überaus komplizirt. Herr Rottmann aß immer, was niemand anderes aß, und wenn niemand anderes aß. Senfgurken als Frühstück, Kaffee als Mittagessen, Himbeersaft als Vesperbrot waren ja leicht zu beschaffen, aber nächtliche Beefsteaks und zur Geisterstunde zu bereitende Koteletts gehörten auch durchaus nicht zu den Seltenheiten.

Tante Agnes aß „keinen Bissen" — oder jenen

„einzigen Bissen," von dem manche Leute so merk=
würdig lange leben. Sie wäre somit anscheinend
leicht zu verköstigen gewesen, aber unter den „Bissen",
die den Mittagstisch der Familie zierten, war ge=
wöhnlich gerade der „einzige" nicht, den sie vertrug.
Kein Sterblicher durfte je sehen, daß Tante Agnes
sich eigentlich eines recht gesunden Appetits rühmen
konnte — bemerkte einmal jemand erfreut die tüch=
tigen Portionen auf ihrem Teller, und sah sie sich
solchergestalt entdeckt und außer stande, ihre gastro=
nomischen Leistungen in Abrede zu stellen, so sagte
sie kläglich: „Ja, ich habe heute einen nervösen Heiß=
hunger."

Herr Rottmann war gewissermaßen Dilettant
in der Hypochondrie — die eigentliche, ausgebildete
Virtuosin, die ihn als Schüler und Novizen immer
noch anlernte, war die Tante. Sie verstand es,
aus allem und jedem einen Grund zum Aengstigen
für sich und ihren Neffen zu finden. Nie betrat
sie das Zimmer ohne einen Seufzer: „Kinder, wie
mir heut zu Muthe ist!" oder: „Nein, diese
Schmerzen!" Hatte sie einmal wirklich beim besten
Willen nirgends einen Schmerz, so fühlte sie eine
allgemeine Mattigkeit, erklärte, sie wäre wie zer=

schlagen an allen Gliedern und klagte bitter die Frühjahrssonne, die Herbstluft oder sonst eine boshafte Jahreszeit an, in der ihr „das immer so gienge!" — War Heinrich anwesend, so nahm ihre Sorge momentan eine andere Richtung. Dann betrachtete sie den Neffen kopfschüttelnd: „Ich weiß nicht, Du gefällst mir heute gar nicht, Heinrich, — ist Dir etwas?" Oder sie fühlte plötzlich seinen Kopf an, „Du kommst mir warm vor," — was dann natürlich stets zur Folge hatte, daß dem Lieutenant schnell ein Leiden einfiel, oder er sich so lange besann, bis ihm wirklich etwas weh that.

Die Mittagsstunde bei Rottmanns war zur Zeit eine ziemlich späte. Sie wechselte öfter, je nachdem einem oder beiden Patienten das späte oder frühe Essen nicht bekam, — augenblicklich wurde seit acht Tagen um fünf Uhr gespeist.

Die Familie war bereits im Eßzimmer versammelt, nur die Tante fehlte noch. Lisbeth stand am Fenster, um sofort bei ihrem Erblicken ein Signal zu geben, da Heinrich vom Warten bereits nervös geworden war. Dieser letztere saß auf dem Sopha, hatte die Uhr mit dem Sekundenzeiger vor sich liegen und zählte seinen Puls, der ihm schwach vorkam. Endlich gieng die Hausglocke und die Tante erschien, gestützt auf Ernestine, das Dienstmädchen, welches sie vorsorglich zum Sopha geleitete.

Dort sank sie erschöpft nieder, fühlte nach ihrem Herzschlag, schüttelte bekümmert den Kopf und schloß die Augen.

„Danke," sagte sie, als Anna ihr beim Ablegen der Sachen behilflich sein wollte — „nicht alles auf einmal, ich bin echauffirt. Wie ich die Treppe heraufgekommen wäre ohne Ernestine, ist mir ein Räthsel. Sie hat mich geschleppt — geradezu geschleppt, sage ich Euch! Nicht wahr, Ernestine?"

„Jawohl, Fräulein!" bestätigte pflichtschuldig die Dienerin und verließ dann mit einem unterdrückten Lächeln das Zimmer.

„Kinder, liegt das in mir, oder ist es hier so heiß," begann die Tante von neuem, „ich dächte, hier müßten zwanzig Grad sein! Du hast doch bei dieser Temperatur nicht etwa heizen lassen, Anna?"

„Heinrich wollte, daß etwas eingelegt würde," erwiderte Anna mit ihrer sich stets gleich bleibenden Ruhe und Freundlichkeit, „er fror so entsetzlich, daß Lisbeth und ich den ganzen Morgen für ihn Pulswärmer gestrickt haben."

"Heinrich — Du frorst so? Das muß in Dir liegen! Zeige mal Deine Hand — ist Dir was?"

"Warum?" fragte Heinrich mit einer gewissen Gier; er kannte dies Stichwort für seine Klagen schon.

"Ich weiß nicht, Du hast mir so einen gespannten Zug über dem linken Auge," sagte die Tante, ihn besorgt betrachtend.

"O weh — da bekomme ich morgen meine Migräne," rief Heinrich erfreut, "das sollt Ihr sehen, das kenne ich! Kinder, morgen liege ich fest — mir ist auch wirklich schon so benommen um den Kopf."

"Das kann auch von der Hitze sein," beruhigte die Tante, "Anna, gib mal den Koniferenextrakt her, — hier muß man Kopfschmerzen bekommen! Hast Du den Zerstäuber? Aber blase Du, mir wird merkwürdigerweise so schwindlig, wenn ich hineinblase, daß ich umsinken könnte."

Während Anna sich mit Ausdauer in einen Posaunenengel verwandelte, brachte das Mädchen die Suppe und man setzte sich zu Tisch.

„Aennchen, verzeih, wenn ich so unbescheiden bin, nach dem Menü zu fragen," hob die Tante an, „aber Du weißt, ich bin die Sklavin meines Magens!"

„Es gibt Blumenkohl," begann Anna ——

„Das roch ich schon auf der Treppe," unterbrach die Tante. „Merkwürdig, daß Ihr so gern etwas eßt, was man durchs ganze Haus riecht!"

„Heinrich, darf ich Dir noch etwas Suppe auffüllen?" fragte Anna.

„Still doch!" wehrte der Lieutenant ärgerlich mit der Hand ab, „da habe ich mich richtig verzählt!" Er tropfte eben Salzsäure ins Wasser, um seinen Appetit anzuregen. „Hoffentlich reizt das den Kehlkopf nicht!" bemerkte er besorgt, als er das Glas leerte.

„Wenn Du es doch einmal mit einem Pepsinwein versuchen wolltest," schlug die Tante vor, „der wäre Dir am Ende noch zuträglicher. Ich habe das Fläschchen hier."

„Darf man das denn beim Essen nehmen?" fragte Heinrich mißtrauisch.

„Eigentlich muß es allerdings unmittelbar vorher geschehen," erwiderte der wandelnde Medizinkasten.

„Dann ist es heut doch schon zu spät, — ich bitte Dich morgen darum."

Unter solchen und ähnlichen Gesprächen vergieng das Diner fast täglich. Der Braten, heute von Tante Agnes seufzend: „Kalbfleisch — Halbfleisch" angeredet, bot immer andere Gründe, warum gerade die Sorte, die eben auf dem Tische stand, dem Magen der Patientin unzuträglich war. Das Gemüse hatte keinen Nährstoff, die Kartoffeln waren für zur Fettbildung disponirte Naturen Gift, einer aß Schrotbrot, der andere verlangte Semmel oder Zwieback, aber extra scharf geröstet! — Malzbier für die Angegriffenen, Himbeersaft für die Echauffirten, Wein für die Blutarmen — alle diese Wünsche variirten je nach den Leiden, die gerade auf der Tagesordnung standen, ganz abgesehen davon, daß einer, entweder Heinrich oder die Tante, immer gerade eine Brunnenkur brauchte, oder eben gebraucht hatte, oder vom nächsten Tage an brauchen wollte, wo denn jeder dieser Fälle eine ängstlich festzuhaltende Diät erheischte.

„Ich bewundere Dich, Anna," sagte Lisbeth nach Tisch, nachdem die beiden Freundinnen in zwei verschiedenen Sophaecken Mittagsruhe gehalten hatten.

„Ich ertrüge diese Wirthschaft nicht! Du bist es Heinrich schuldig, der Tante einige Energie zu zeigen — sie macht ihn ja ganz elend."

„Wenn ich kein Ende absähe, würde ich auch die Geduld verlieren," erwiderte die junge Frau, „aber ich stehe im Komplott mit Müllner — Heinrich muß sich wieder ankaufen — und läuft er täglich seine paar Stunden auf den Feldern herum, dann soll ihm das hypochondrische Wesen schon vergehen. Er war ja früher nicht so."

„Sonst hättest Du ihn gewiß nicht gewonnen," lachte Lisbeth, „aber die Tante, zieht die mit Euch?"

„Nein — was sollte sie auf dem Lande — denke Dir Tante Agnes ohne Apotheke und ohne Arzt — à propos Arzt — Müllner kommt heut zum Thee!"

„Schon wieder!" sagte Lisbeth mit sehr natürlich gespieltem Verdruß. — — Anna warf ihr einen schelmischen Blick zu.

„Kind, thue Dir keinen Zwang an, wenn es Dir langweilig ist — gehe Du zu Schulzens! Alwine hat mich gestern so gebeten — sie haben heute statt morgen ihr musikalisches Kränzchen, weil sie morgen Besuch von auswärts erwarten, wie mir

Alwine geheimnißvoll andeutete. Also nimm Dir's wahr, geh' ruhig hin!"

„Ich werde sehen!" erwiderte Lisbeth etwas verlegen, da ihr dieser einfache Ausweg, dem Doktor zu entgehen, nicht ganz nach Wunsch zu sein schien. In diesem Augenblick trat Heinrich ein.

„Anna, läßt Du noch kein Licht bringen? Nein, was die Tage schon kurz werden! Ich hatte mich einen Moment hingelegt, bekam aber Kongestionen nach dem Kopfe und habe thörichter Weise, um munter zu bleiben, einen Brief geschrieben. — Das hat mein Blut vollends aufgeregt. Und denke bloß, wie nervös ich bin — ich habe den Briefbogen verkehrt genommen — das ist doch entschieden Schwäche! Sieh mal!" fügte er stolz hinzu, „die Hände zittern mir!"

„Du bist wirklich etwas erhitzt," erwiderte Anna heuchlerisch, da es ihr darum zu thun war, die Ihrigen vor ihrem tête-à-tête mit dem Doktor, den sie vor sieben Uhr erwartete, loszuwerden, „wie wär's, wenn Du mit Lisbeth den Brief selbst nach der Post trügst und noch ein Stündchen spazieren giengst?"

„Also Du findest mich auch echauffirt," bemerkte

Heinrich zufrieden, indem er beide Hände ans Gesicht hielt, „es ist doch schrecklich mit mir! Am Ende würden mir ein paar Athemzüge frische Luft nichts schaden — es ist allerdings Abendluft! Ich werde mit Lisbeth gehen. Wenn ich nur das Romershausensche Augenwasser fände — es ist merkwürdig, wie die wenigen Zeilen mir die Augen angegriffen haben! Ich möchte mir übrigens für jeden Fall die Salicylpastillen in die Tasche stecken — ich habe bemerkt, daß ich, wenn ich sie gleich im Anfang nehme, meine Migräne manchmal koupiren kann. Obs heut noch hilft?"

Kopfschüttelnd zog er ab, und bald darauf sah Anna ihn mit Lisbeth die Straße hinunter gehen.

Um sich den Abend möglichst frei zu halten, traf die junge Frau noch einige wirthschaftliche Anordnungen im Hause. Darüber war es ganz dunkel geworden, und ehe sie sichs versah, wurde der Doktor gemeldet.

Es fiel ihr jetzt schwer aufs Herz, daß sie Tante Agnes nicht beseitigt hatte, die ein eignes Talent besaß, zur Unzeit hereinzuplatzen und nicht wieder hinauszugehen. Aber man mußte das Beste hoffen!

Sie begrüßte den Doktor, der mitten im Zimmer stand, und legte die Hand an die Klingel, um die Lampe zu bestellen.

„Ach bitte, gönnen Sie uns noch ein wenig Dämmerung," sagte Doktor Müllner hastig, „ich liebe dies halbe Licht so sehr."

„Halbes Licht" war kein ganz zutreffender Ausdruck, da es eigentlich stockfinster war, aber Anna konnte sich in den Seelenzustand ihres Gastes versetzen, der seine Verlegenheit nicht gerade grell beleuchtet zu sehen wünschte; sie nahm also auf dem Sopha Platz. Doktor Müllner setzte sich ihr gegenüber und hustete mehrmals, während er die Fransen an der Tischdecke zu kunstvollen Zöpfchen flocht. Endlich begann er:

„Ich muß Ihnen — ich habe — mit einem Wort, beste Freundin, ich verreise morgen. Doktor Zäschke vertritt mich und wird jede Stunde bereit sein, wenn etwas vorfällt."

„Sie verreisen?" rief Anna überrascht, „wohin denn und auf wie lange?"

„Ja, das weiß ich selbst nicht," erwiderte der Doktor, anscheinend unbefangen, „ich habe so, was man einen dummen Kopf nennt, und glaube, daß mir ein paar Wochen in anderer Umgebung ganz gut sein würden."

"Aha!" dachte Anna und fügte laut hinzu: "Und gleich ein paar Wochen — das ist ja recht schade!" —

Der Doktor antwortete nicht und auch Frau Anna schwieg eine Weile. Sie dachte darüber nach, ob und wie sie es wagen könnte, dem alten Freunde ihre Kriegslist zu offenbaren, — aber so ganz aus der Luft gegriffen, ohne die leiseste Anknüpfung gieng es doch nicht — es war eine zu peinliche Geschichte.

"Sind Sie denn schon ganz fest entschlossen?" fragte sie nach einer Weile.

"Ganz fest!" erwiderte der Doktor kurz und trommelte mit den Fingern auf der Tischplatte, als trommele er sich den Abschiedsmarsch vor.

"Und wäre es wohl indiskret," brachte Frau Anna verlegen hervor, "wenn man nach dem Grunde dieses plötzlichen Entschlusses fragte?"

Müllner sah sie forschend an.

"Können Sie sichs nicht denken? Auf Ihr Wort nicht?"

Anna schwieg.

„Ich will nicht lange mit Ihnen Verstecken spielen, Frau Anna," sagte der Arzt mit plötzlichem Entschluß, indem er tief aufseufzte, „ich verreise und komme nicht eher wieder, bis — bis Ihr Gast fort ist! Ich habe wirklich mit allem Recht geglaubt, über irgend welche Dummheiten hinaus zu sein, und mich immer für einen ganz vernünftigen Menschen gehalten; und nun muß ich auf meine alten Tage erleben, daß ich — nun mit einem Wort, daß ich mich in eine Frau verliebe! Es ist albern, aber es ist wahr — und nun lachen Sie mich aus!"

Er schwieg, stand auf und gieng in dem dunkeln Zimmer auf und ab, wobei er so oft an die Stühle und sonstigen Möbel rannte, daß Frau Anna, ihrerseits aufstehend, ein Büchschen Streichhölzer ergriff und eine Lampe auf dem Seitentischchen anzündete, das, eben von einem Stoß des aufgeregten Doktors getroffen, hin und her zu schwanken begann.

„So!" sagte Anna ruhig, als jetzt das Zimmer heller geworden war, „das scheint mir doch besser! Und nun, Doktor — ich lache Sie gar nicht aus! im Gegentheil, Sie thun mir herzlich leid — und nun sehen Sie mich einmal an — nein, sehen Sie mir gerade ins Gesicht — ich muß Sie um Verzeihung bitten!"

Der Doktor, dem sein Bekenntniß entsetzlich schwer geworden zu sein schien, fuhr sich mit dem Tuch über die Stirn.

„Wofür?" fragte er verstört.

„Ah, guten Abend, mein lieber Herr Doktor," sagte Tante Agnes eintretend, „ich war untröstlich, daß ich Sie heut morgen verfehlt hatte. Denken Sie, ich habe seit zwei — drei Tagen wieder mein altes Ziehen in den Schultern, aber mit einer Heftigkeit! — und wie ich bemerkt zu haben glaube, immer zur selben Stunde. Sollte da nicht etwas Wechselfieberartiges dahinter stecken? Ich dächte, Sie gäben mir Chinin!"

„Ich werde sehen!" sagte der Doktor kurz.

Agnes trat vor den Spiegel und schob sich die Haube zurecht. „Na, ich danke — ich sehe wieder gut aus!" bemerkte sie mit dumpfem Ton, „förmlich erdfarben, — so war mir aber auch seit Monaten nicht!"

Der Doktor telegraphirte indeß zornig zu Anna hinüber, um ihr anzudeuten, sie möge den Störenfried entfernen. Anna zuckte die Achseln. —

„So etwas von Nervosität können Sie sich nicht denken," fuhr Agnes fort, „ich kann sagen, ich fühle jeden Nerv. — Kennen Sie das, wenn man so jeden Nerv fühlt? Die Fliege an der Wand ärgert mich!"

„Dann ärgern Sie sie wieder, mein verehrtes Fräulein," meinte Müllner, den alle Lebensart im Stich ließ.

„Ach, Sie Spaßvogel!" erwiderte die Tante und setzte sich. Der Doktor lachte bereits vor Wuth.

„Und wissen Sie," fuhr die Patientin fort, „ich glaube, die Luft ist hier zu trocken! Das wirkt auf meine Athmungsorgane und mittelbar auf die Nerven! Ich habe mir heute etwas mitgebracht, worauf ich durch ein Buch aufmerksam wurde — aber Sie dürfen nicht lachen — ein Instrument, wodurch man konstatiren kann, ob die nöthigen fünf=undsiebzig Prozent Feuchtigkeit in der Luft sind — — einen Hygrometer — eine höchst sinnreiche Er=findung!"

„Ja wenn er sehr genau gearbeitet ist," er=widerte der Doktor, dem ein rettender Gedanke kam, „Sie können ihn wohl nicht einmal holen?"

„O gewiß, — es wäre mir sogar sehr lieb, wenn Sie sich ihn ansehen wollten," erwiderte die Tante, erfreut, daß der sonst unnachsichtig spottende

Doktor einmal so auf ihre Ideen eingieng. Sie entfernte sich, und Müllner wandte sich wieder zu Anna.

„Frau Anna — die Zeit ist kostbar — ich wollte Sie noch um Rath fragen, halten Sie es für richtiger, daß ich heute Abend nicht hier bleibe? Vielleicht ist es besser, man macht der ganzen Sache ein schnelles Ende!"

Er sah so blaß und erregt aus, daß Anna sehr mitleidig wurde. „Lieber Freund," sagte sie herzlich, „sprechen wir einmal ganz ruhig mit einander. Wir wurden vorhin unterbrochen, ich sagte Ihnen, ich wollte Sie um Verzeihung bitten, — ahnen Sie wofür?"

„Nein — absolut nicht!" erwiderte der Doktor und sah sie fassungslos an.

„Wir haben Ihnen alle eine kleine Komödie vorgespielt," gestand Anna reuig und mit gesenkten Augen, „und wenn Sie Lisbeth wirklich lieb haben — nein, machen Sie kein so unglückliches Gesicht, — dann freuen Sie sich nur darüber, denn — und nun seien Sie so böse, wie Sie irgend können — sie ist so wenig verheirathet wie — Sie selber!"

Der Doktor fuhr zurück, als wenn der Blitz

vor ihm eingeschlagen hätte. „Nicht verheirathet?" wiederholte er mit weit aufgerissenen Augen, „aber was soll das heißen?"

„Das will ich Ihnen sagen," erwiderte Anna rasch und überstürzt, um nicht wieder unterbrochen zu werden, „Heinrich hatte sich die Geschichte ausgedacht, damit Ihnen nicht der Gedanke kommen sollte, sich in Lisbeth zu verlieben, und dadurch Ihre Aufmerksamkeit für seine Leiden zu sehr abgezogen würde. Lisbeth, die Sie gar nicht kannte, gieng aus Uebermuth — der Ihnen ja an ihr nichts neues ist! — auf den Scherz ein, und ich — nun, ich wollte es zuerst nicht, aber dann dachte ich, es wäre vielleicht ein gutes Mittel, Sie von Ihrer Heirathsscheu zu bekehren, wenn man auf den Widerspruchsgeist spekulirte, der in allen Männern steckt! Ich hoffte, Sie würden, wenn es hieß „die kannst du nicht haben" gerade denken: die „möchte ich haben" — und so ist es ja auch gekommen!" schloß Frau Anna und sah den Doktor etwas ängstlich an.

Der stand ganz still und sah vorläufig aus wie einer, dem unvermuthet ein Eimer kaltes Wasser über den Kopf gegossen worden ist.

„Nicht verheirathet!" sagte er dann vor sich hin, „nicht verheirathet!"

Anna trat ihm einen Schritt näher.

„Sind Sie sehr b ö s e?" fragte sie zaghaft.

Ueber das ernste Gesicht des Doktors zog ein Schatten von einem Lächeln — zwar nur ein Schatten — aber wo Schatten ist, kann die Sonne auch nicht weit sein.

„Ach, Sie sind nicht böse," rief die junge Frau und athmete erleichtert auf, „das ist recht!"

„Vor allen Dingen," sagte Doktor Müllner, indem er sich noch einmal bemühte, sehr würdevoll auszusehen — „vor allen Dingen sagen Sie mir aber jetzt ausführlich" —

Eine Thür gieng auf und zu, man hörte Schritte.

„Tante Agnes!" seufzte Anna niedergeschlagen, „wir können jetzt nicht weiter sprechen!"

„Wissen Sie," sagte der Doktor und griff nach seinem Hut, „diese Tante Agnes umzubringen, halte ich nicht nur für erlaubt, sondern geradezu für geboten, aus Pflicht der Selbsterhaltung."

„Geben Sie mir nur Ihren Hut her!" bat Anna, der bei diesem Signal zur Flucht wieder ganz bange wurde, „Sie sind ja zum Thee eingeladen!"

Müllner schüttelte den Kopf.

„Nein," sagte er mit einiger Energie, „lassen Sie mich gehen, Frau Anna! — ich muß erst draußen in der frischen Luft zu mir selber kommen! es war doch eine zu große Ueberraschung, die Sie mir da bereitet haben. Aber eine Bitte — sprechen Sie vorläufig noch nicht über das, was Sie mir eben erzählt haben — ich bin mir noch nicht ganz klar, was ich sagen und thun soll! Auf Wiedersehen!"

Die Thür schloß sich hinter ihm, während Anna in bangen Zweifeln zurück blieb, ob sie sehr klug, oder sehr dumm gewesen sei, was immer ein unbehaglicher Zustand ist!

Sie nahm sich aber gewaltsam zusammen, um sich vor den Ihrigen nicht zu verrathen, Agnes trat von der einen Seite mit dem Hygrometer ein, ihr Mann und Lisbeth von der andern. —

„Nun, wo ist der Doktor?" fragte Agnes enttäuscht.

„Noch einmal abgerufen worden," sagte Anna und machte sich am Theetisch zu schaffen, „länger wie eine halbe Stunde warten wir nicht auf ihn."

Man gruppirte sich um den Sophatisch. Heinrich rieb sich die Stirn mit pain-expeller.

„Ift Dir was, Heinrich?" fragte die Tante, „haſt Du Kopfſchmerzen?"

„Noch nicht," erwiderte Heinrich bedeutſam, „aber mir iſt ſo, als könnte ich welche bekommen — manchmal iſt der pain-expeller ein ganz gutes Präſervativ!"

„Brauchſt Du jetzt pain-expeller?" rief die Tante eifrig, „thut er Dir gut? da brauche ich ihn auch!"

„Wofür denn aber, Fräulein Agnes?" fragte Lisbeth und lachte hell auf. „Sie ſind doch heute Abend ganz geſund!"

Agnes wurde einen Augenblick verlegen.

„Ich habe einen ſteifen Hals," erwiderte ſie dann ſchnell gefaßt.

„Kinder," begann Anna, der ſehr unheimlich zu Sinne war, wenn ſie an den Doktor dachte, „ich ſchlage vor, wir fangen an, Thee zu trinken. Das iſt bekanntlich das beſte Mittel, um einen verſpäteten Gaſt herbeizulocken."

Dieſer Grundſatz erwies ſich auch hier als richtig, denn die Familie ſaß noch nicht lange bei Tiſch, als der Doktor wieder erſchien. Anna, die ihm einen angſtvollen Blick zuwarf, bemerkte, daß er

sehr vergnügt aussah. Er schüttelte ihr auch mit
großer Wärme die Hand, und nachdem er Tante
Agnes' Hygrometer beaugenscheinigt und Thee ge=
trunken hatte, nahm man in allerseits leidlicher
Stimmung Platz.

Anna stickte, Tante Agnes schnitt im Vorrath
Leinwand zu etwaigen Umschlägen, Heinrich studirte
Hufelands Makrobiotik.

Der Doktor schob seinen Stuhl neben den Lis=
beths, die unverwandt auf ihre Arbeit blickte. Anna
bemühte sich, das Paar vor Störungen zu schützen,
und fragte Tante Agnes nach dem Verlauf ihres
vorletzten Schnupfens, warauf die Leidende mit
großer Wärme und Ausführlichkeit zu erzählen be=
gann, wie die Fenster der Droschke, die sie kurz
vorher benutzte, so schlecht geschlossen hätten, daß
sie sich nothwendig erkälten mußte.

Unterdessen eröffnete der Doktor die Unterhal=
tung mit Lisbeth mit den Worten: „Gnädige Frau,
darf ich vielleicht bitten, daß Sie mir das Bild
Ihres Herrn Gemahls noch einmal zeigen? Ich war
gestern etwas eilig und mußte es schneller wieder
abgeben, als ich wünschte."

Lisbeth erhob sich verwirrt.

„Ich kann es ja gleich holen!" sagte sie.

„Wie — Sie tragen es nicht immer bei sich?" fragte der Doktor überrascht, „das ist doch nicht recht!"

Lisbeth sah ihn unsicher an, stand auf und verließ das Zimmer. Anna warf dem Doktor einen bittenden Seitenblick zu, der zu sagen schien: „quälen Sie sie nicht zu sehr!"

Müllner sah aus wie die Unbefangenheit in Person.

Lisbeth erschien wieder und legte tief erröthend und ohne ein Wort zu sprechen, das Bild, welches sie gestern Heinrichs Album entnommen hatte, vor den Arzt hin.

„Dacht' ichs doch!" rief dieser jetzt im Tone freudiger Ueberraschung, „schon gestern kam es mir so vor, als ob ich Ihren Herrn Gemahl kennte, und jetzt bin ich meiner Sache ganz sicher. Ich bin mit ihm und seinem Bruder in Göttingen zusammen gewesen — das ist aber wirklich ein interessanter Zufall! Hat er Ihnen denn nie von mir erzählt?"

„Ich glaube nicht," erwiderte Lisbeth leise und trennte ein paar Stiche an ihrer Arbeit auf.

„Nein, mein guter, alter Stein — wie manche Flasche Bier haben wir zusammen geleert!" fuhr der Doktor gemüthlich fort, „wie heißt er doch mit dem Vornamen? — Tausend, jetzt komm' ich nicht darauf — helfen Sie mir doch, gnädige Frau!"

„Fritz," murmelte Lisbeth tonlos.

„Fritz," wiederholte der Doktor verwundert, „das ist ja merkwürdig — ich dächte doch — hieß er nicht Oswald?"

In diesem Augenblick begegnete die arme Lisbeth den lachenden Augen ihrer Freundin und raffte sich mit einer großen Anstrengung auf.

„Ja!" sagte sie möglichst sicher, „er heißt Oswald, aber weil mir der Name nicht gefiel, habe ich ihn Fritz genannt."

„Bravo!" murmelte Anna.

Der Doktor lächelte und setzte sich in Positur, um in seinem Examen fortzufahren.

„Siehst Du," unterbrach Heinrich das Gespräch, indem er wohlwollend auf seine Makrobiotik klopfte, „hier stehts: „auch finden wir, daß nicht die Fleischesser, sondern die, welche von Vegetabilien, Gemüse, Obst, Körnern und Milch lebten, das höchste Alter erreicht haben." Ich möchte es wahrhaftig einmal versuchen."

„Gewiß — lebe von Gemüse, Obst, Körnern und Milch," erwiderte Müllner und wandte sich wieder zu Lisbeth: „Was ist denn eigentlich aus Ihrem Schwager geworden?"

„Aus welchem Schwager?" fragte Lisbeth und hantirte in blinder Verlegenheit mit der Schere umher.

„Sie haben ja nur einen," versetzte der Doktor, „ei, wie zerstreut Sie sind! Ich meine natürlich Philipp, den kleinen Dicken, wie wir ihn immer nannten — was ist er denn geworden?"

„Offizier!" erwiderte Lisbeth kühn.

„Aber das ist ja unmöglich — er war ja so überaus kurzsichtig!"

„Darf ich Dich um ein Glas Wasser bitten, Lisbeth?" sagte Anna mitleidig, um der Geängstigten einen Augenblick Ruhe zu schaffen. Die Pseudogattin von Müllners Universitätsfreund stand auf und reichte ihr stumm das Verlangte.

Sie sah so verstört und unglücklich aus, daß Anna zu einem verzweifelten Mittel griff.

„Tante, vergiß doch nicht, Doktor Müllner wegen Deines Halses zu konsultiren."

Eines weiteren Winkes bedurfte es nicht, um

die Tante sich gierig auf ihr Opfer stürzen zu lassen.

„Ja, Herr Doktor," begann sie in ihrem stereotypen Klageton, „ich neige jetzt in einer Weise zu Mandelentzündungen und zu Affektionen der Athmungsorgane, daß ich nicht aus noch ein weiß. Ein beständiges, rauhes Kitzeln im Halse — ein festes Gefühl auf der Brust — und nun ist mir gerathen worden — aber Sie dürfen nicht wieder denken, daß ich unnütz kurire" —

„Ei, bewahre!" versicherte der Doktor feierlich, „wie sollte ich darauf kommen?"

„Ja," fuhr die Tante eifrig fort, „und da ist mir gerathen worden, ein Katzenfell auf der Brust zu tragen." —

„Du bist gerettet," flüsterte Anna der Freundin zu, „die Tante hat ihn fest!" Lisbeth nickte melancholisch.

Müllner blickte sich nach den Flüsternden um.

„Rathen Sie dazu?" fragte die Tante gespannt.

„Unter allen Umständen," erwiderte der Doktor und sah sie sehr freundlich an, „aber die Katze muß in der ersten Hälfte des April geboren, muß blendend weiß sein und darf nur eine einzige, schwarze

Pfote haben. Sonst hilft es nichts! Uebrigens," fügte er mit erhobener Stimme hinzu, „bin ich heute als Privatmann hier, Fräulein Agnes — meine Sprechstunde ist morgens zwischen neun und zehn Uhr."

„Das ist sehr häßlich von Ihnen," rief die junge Frau, die mit geheimem Schrecken an des Doktors vergnügtem Gesicht sah, daß er sich wieder zum Angriff rüstete, „so geben Sie doch der Tante Bescheid!"

„Das sehe ich nun wirklich gar nicht ein, Frau Anna," erwiderte der Doktor ruhig. „Wenn Sie zufällig mit einem Schneider zusammen wären, so würden Sie doch nicht verlangen, daß er den geselligen Abend dazu benützte, Ihnen ein Kleid zuzuschneiden. Aber wenn ein Doktor in Gesellschaft ist, denkt jeder, er könne ihm keine größere Freude machen, als indem er ihn von seinem Schnupfen unterhält — als wenn das für uns eine besondere Abwechselung wäre! Nein, ich bin heute zu ganz andern Gesprächen aufgelegt — ich bin nämlich sentimental gestimmt."

„Sie?" fragte Anna ungläubig und ironisch.

„Ich!" erwiderte Müllner unerschüttert, „ich

verspüre eine unbeschreibliche Sehnsucht, mich rühren zu lassen — ich möchte ein paar Liebesgeschichten hören! Wie wäre es, wenn die Verheiratheten unter uns zu meinem und Fräulein Agnes Benefiz ihre Verlobungsgeschichte erzählten? Das denke ich mir allerliebst! Aus den Flitterwochen sind Sie ja wohl alle heraus — sonst würde ich nicht so indiskret sein. Gnädige Frau," wandte er sich an Lisbeth, "seien Sie so gut — machen Sie den Anfang. Ich möchte gar zu gern wissen, wie mein guter Stein sich in diesem kritischen Augenblick benommen hat — wir sind ja unter uns!" Er sah Lisbeth gespannt an. Sie stand auf.

"Ich habe meine Stickbaumwolle oben vergessen," sagte sie mit zitternder Stimme und verließ das Zimmer.

"Aber Doktor!" meinte Anna leise und vorwurfsvoll.

"Strafe muß sein!" erwiderte dieser in demselben Ton.

"Müllner!" rief Heinrich und blickte von der Makrobiotik auf, "was meinst Du zu dieser Stelle im Hufeland: Man höre, was der verehrungswürdige Greis, der Generalchirurgus Theden sagt, der sein mehr als achtzigjähriges Leben hauptsächlich dem täglichen Genuß von sieben bis acht Quart (vierzehn bis sechzehn Pfund) frischen Wassers zuschreibt, das er seit mehr als vierzig Jahren trank."

„Frau Anna," rief Müllner lachend, „ich bereite Sie vor — von morgen an trinkt Ihr Gatte mit dem verehrungswürdigen Greise sieben bis acht Quart Wasser täglich! Fräulein Agnes — der Verehrungswürdige wurde mehr als achtzig Jahr — lockt Sie das nicht? — wie wäre es mit der Wassermethode!"

Anna erhob sich.

„Ich will doch sehen, wo Lisbeth bleibt," sagte sie und warf dem Doktor einen strafenden Blick zu.

Dieser war in der glücklichsten Laune, und indem er mit ihr bis zur Thür gieng, um diese für sie zu öffnen, flüsterte er ihr zu: „Aber nichts verrathen, Frau Anna — bei unserer Freundschaft! Ich bin während der letzten Wochen so schrecklich gequält worden, daß ich ganz heruntergekommen bin — lassen Sie mir jetzt meine Erholung!"

„Sagen Sie nur, wie Tante Agnes ‚ich sehe gut aus!'" lachte Anna, „aber Sie müssen es nicht zu bunt machen."

„Seien Sie unbesorgt, aber ich kann noch nicht aufhören. Sie wissen ja, ich necke für mein Leben gern, und diese Verlegenheit steht der Frau Doktor Stein allerliebst! Schicken Sie sie nur bald wieder herunter!"

„Eigentlich verdienen Sie es nicht," erwiderte Anna und begab sich in Lisbeths Zimmer. Dort entdeckte sie zu ihrem Schrecken, daß das junge Mädchen durch des Doktors Fragen so in Angst gesetzt war, daß sie bitterlich weinte.

„Es ist schrecklich," rief Lisbeth ein über das andere Mal, „daß ich so lügen muß! und außerdem, Anna — wenn Müllner sich das geringste — wenn es ihm nicht ganz gleichgültig wäre, ob ich verheirathet bin, so würde er sich nicht so freuen, in meinem Mann" — sie lachte wider Willen unter ihren Thränen — „einen alten Bekannten zu entdecken!"

„Aber Kind, so sei doch vernünftig," beschwichtigte Anna, die es kaum übers Herz brachte, die kleine Uebermüthige in ihrem Jammer zu lassen, ohne sie aufzuklären, „der Doktor kann doch als Mann von Ehre nicht anders, wie gleichgültig erscheinen, so lange er Dich für verheirathet hält."

„Ach, er war ganz anders bis jetzt," seufzte Lisbeth, „erst seit er das alberne Bild gesehen hat — könnte ich es doch in tausend Stücke zerreißen! — ist er so geworden. Das greuliche Gesicht — es müßte ihm doch unangenehm sein, daß ich einen so schauderhaften Mann habe! Eine hübsche Sorte von Freunden hat Euer Doktor, das muß ich sagen!"

Anna lachte herzlich.

„Du bist doch ein rechtes Kind," sagte sie und strich der Verzweifelten das Haar aus der Stirn, „jetzt wasch' Dir die Augen mit kaltem Wasser und komm wieder herunter — was sollen denn die andern von Dir denken?"

„Sage, ich wäre krank geworden!" erwiderte Lisbeth trotzig.

Anna wandte sich zum Gehen.

„Schön," sagte sie in der Thür, „und Müllner kann gleich nach Dir sehen und Dir ein Recept verschreiben."

„Das soll er wohl bleiben lassen — ich habe kein Vertrauen zu ihm," rief Lisbeth empört.

„Der arme Doktor," meinte Anna ironisch, „aber jetzt komm, Kind — es ist ohnehin bald

Schlafenszeit, die Pönitenz hat mithin am längsten gedauert."

Halb bittend, halb befehlend zog sie Lisbeth nach einem Weilchen mit sich fort und kam mit ihr ins Wohnzimmer, gerade als der Doktor im Begriff stand, sich zu verabschieden.

"Nun, Sie gehen schon?" fragte sie verwundert.

"Ich bin moralisch hinausgeworfen," erwiderte Müllner kläglich, "Fräulein Agnes bekommt schwere Augenlider, bemerkt ein Gleiches an Heinrich und behauptet, er übergienge den Schlaf, was kann ich dagegen einwenden? Ich komme aber nächster Tage wieder," fuhr er mit einem Blicke auf Lisbeth fort, "ich muß mich noch nach Ihrem Schwager erkundigen — er war ein allerliebster Junge! Ist er noch so nett?"

"Gar nicht mehr!" erwiderte Lisbeth kurz und unartig und wandte dem Frager den Rücken.

Dieser lächelte wieder vor sich hin und schüttelte Heinrich die Hand. "Schlaf wohl alter Freund!"

"Müllner," bat Heinrich, "kannst Du mir nicht eine Kleinigkeit aufschreiben — etwas Beruhigendes — ich habe die ganze vorige Nacht über kein Auge geschlossen."

„Ich glaube, Du hast keines aufgemacht, mein Sohn," erwiderte der Doktor, „aber ich will Dir etwas sagen: trinke drei und ein halb bis vier Quart Wasser, das ist ja die Hälfte der Diät, die Du von morgen an brauchen willst, da wirst Du prachtvoll schlafen! Gute Nacht, Fräulein Agnes — nehmen Sie ja den Hygrometer mit ins Schlafzimmer, und wenn statt 75 nur 74 Prozent Feuchtigkeit in der Luft sind, dann kündigen Sie morgen die Wohnung! Das ist ein gesetzlicher Grund, der hebt jeden Kontrakt auf — ganz im Ernst!"

Vor Lisbeth blieb der Doktor noch einmal stehen, „gute Nacht, gnädige Frau!" — „Gute Nacht," erwiderte sie kurz.

„Geben Sie mir nur die Hand," bat er lachend, „ich bin heute mit mir und der ganzen Welt im Frieden — da werden Sie doch keine Ausnahme machen wollen. Was habe ich Ihnen denn eigentlich gethan, daß Sie so — wenig ausführlich sind? Wenn mein alter Freund, Ihr Herr Gemahl hier wäre, der würde gleich ein gutes Wort für mich einlegen. Grüßen Sie ihn doch herzlich, — Sie schreiben ja wohl alle Tage!"

„Gewiß," erwiderte Lisbeth in erregtem Ton,

„alle Tage und meistens acht Seiten! Ich werde alles bestellen. Lange dauert es ohnehin nicht mehr, bis ich es mündlich thun kann — ich reise in der nächsten Woche ab."

„Oh, da sehen wir uns noch vorher," sagte der Doktor vergnügt und gieng, nachdem er Frau Anna mit ungewöhnlicher Wärme die Hand geküßt hatte.

„Der Doktor war ja heute sehr guter Dinge," bemerkte Heinrich, als er sich sein Licht zum Zubettgehen anzündete.

„Ach, er wollte mir ja Chinin verschreiben," jammerte Tante Agnes.

„Chinin — das ist wahr — das könnte ich auch wieder einmal brauchen," sagte Heinrich entzückt.

„Bitte ihn morgen darum," mahnte Agnes, „und erinnere ihn an die bittern Mandeltropfen, die sind uns beiden sehr vonnöthen."

Lisbeth gieng in einer aus Aerger und Wehmuth gemischten Stimmung zur Ruhe und erleichterte ihr Herz dadurch, daß sie das Bild ihres angeblichen Gatten zornig gegen die Wand warf. —

„Wenn du doch mir gehörtest, daß ich dich verbrennen könnte," fuhr sie die unglückliche Photo=

graphie an und legte sich mit diesem Haß im Herzen schlafen. —

Fräulein Agnes entkorkte noch einige Flaschen, überlegte, ob ihr nach Baldrian, nach Bibergeil, nach Aether oder nach Bromkali zu Muthe sei, nahm schließlich dreierlei durcheinander, machte sich einen Priesnitzschen Umschlag und entschlummerte sanft im Bewußtsein erfüllter Pflicht.

Als Heinrich schon im Bett lag, sagte er noch zu seiner Frau: „Es war doch eine gute Idee von mir, daß wir Lisbeth für verheirathet ausgaben. Das hat den Doktor vor jedem Gedanken an Verlieben bewahrt. Ein reines Glück!"

„Nun eben!" erwiderte Anna lakonisch und löschte das Licht.

## III:

Die Frau Rendantin Schulze, die wir am Eingang unserer Geschichte kennen lernten, saß an ihrem Nähtisch, aber sie nähte nicht. Die Brille wurde jeden Augenblick zurückgeschoben und wieder auf die Nase gerückt, die gute Frau stand auf, gieng mit dem Staubtuch durchs Zimmer und wischte noch einmal über die Tassen, die mit ihren sinnigen In=

schriften „Dem artigen Kinde — Dem Hausherrn — Zum Geburtstage" u. s. w. die Servante zierten.

Auf dem Sofa saß ihre Tochter Alwine und strickte in ungestörter Ruhe, was die Mutter etwas aufzubringen schien.

„Ich weiß nicht, Alwine, wie Du bist," begann die Rendantin vorwurfsvoll, „da sitzest Du und strickst und siehst doch, daß ich mich hier abmühe. Du thust, als wenn es gar nicht darauf ankäme, was der Assessor für einen Eindruck von der Wohnung hat, und im Grunde kommt es ja auch nicht darauf an, denn die Partie wird nicht zurückgehen, weil irgendwo Staub liegt. Das weiß ich so gut, wie Du, aber man will doch auch einen guten Eindruck hervorbringen, man darf doch auch nicht zu wenig aufs Aeußerliche geben. Darin table ich Dich, Alwine, — Du gibst zu wenig aufs Aeußerliche! Ich bin wahrhaftig die Letzte, die einem Mädchen zuredet, gefallsüchtig zu sein, aber zwischen Gefallsucht und etwas auf sich halten, ist doch ein großer Unterschied. Nun sitzest Du mir wieder noch im Morgenrocke, und wenn Dein neuer Schwager kommt, mußt Du doch wünschen, Dich ein bißchen nach was auszunehmen. Aber so machst Du es

immer! Was habe ich mich gestern erst wieder ge=
ärgert, als Doktor Müllner hier war, und Du kamst
mit den Papierwickeln in den Haaren hinein."

Alwine, welche die ersten und wohl auch die
zweiten Jugendjahre schon hinter sich hatte, deren
Haupt mit zahllosen, sandfarbigen Löckchen geschmückt
war, und deren etwas grimmiger Mund mit den
schmalen Lippen unwillkürlich und nicht lieblich an
ein gutschließendes Portemonnaie erinnerte, blickte auf.

„Der Doktor gibt gerade noch darauf acht, wie
meine Haare aussehen!" erwiderte sie bitter, „der
hat andere Dinge im Kopfe!"

„Was denn?" fragte die Rendantin eifrig. Sie
war neugierig wie ein Rothkehlchen, und die Mo=
mente, wo sie sich etwas Neues erzählen ließ, waren
die einzigen, in denen sie den Mund hielt. — Al=
wine schien etwas sagen zu wollen, schwieg aber
und zuckte mit einem höhnischen Lächeln die Achseln.

„Aber so sprich doch, Alwine," drängte die
Mutter, „Du hast immer so etwas Geheimnißvolles!
Du gehst nie aus Dir heraus! Emilie ist aus sich
heraus gegangen, und was ist die Folge? daß heute
der Assessor kommen wird und bei mir um sie an=
halten wird. Aber Du —"

Der Vorwurf, der Alwinen bestimmt war, sollte nie ausgesprochen werden, die Hausglocke gieng und die Rendantin stürzte zum offenen Fenster und bog sich weit hinaus.

„Alwine, er ist da!" rief sie in gellendem Flüstertone, „er klingelt — ein hübscher Mensch, Alwine — nicht groß, aber ganz nett — einen feinen Ueberzieher, Zylinderhut — Alwine, sieh doch — weiße Kravatte — nein, wie mir das Herz schlägt — aber macht denn niemand auf?"

Der Schall von Tritten auf der Treppe antwortete ihr, und es vergiengen nur wenige Augenblicke, bis das Dienstmädchen, für diesen wichtigen Fall schon tagelang von Alwinen unter Folterqualen auf Anmelden gedrillt, ins Zimmer rief: „Herr Assessor Stein wünscht seine Aufwartung zu machen."

„Alwine, sitzt meine Haube ordentlich?" stieß die Rendantin athemlos hervor — aber ehe Alwine ihre Mutter über diesen wichtigen Punkt beruhigen konnte, gieng die Thüre auf und der Gemeldete erschien. Alwine eilte diskret hinaus.

Die Feierlichkeit des Augenblickes wurde ein wenig dadurch beeinträchtigt, daß der präsumtive Schwiegersohn im Moment des Hereinkommens über die Schwelle stolperte, in seinem Schreck und seiner Verlegenheit sich umdrehte und diese Schwelle so aufmerksam betrachtete, als wenn ein Stück von ihm darauf liegen geblieben wäre. Dann machte er einen zweiten, gelungeneren Versuch, einzutreten, verbeugte sich, wurde zinnoberroth, drehte in augenscheinlicher Todesangst seinen Hut zwischen den Händen und machte den Mund mehrmals auf und zu.

Er hatte sich auf eine kleine Rede präparirt, aber der Zwischenfall mit dem Stolpern hatte sein Gedächtniß so mächtig erschüttert, daß ihm die tückischen Gedanken wie Spreu beim Herbstwinde nach allen Richtungen auseinander flogen.

Die Rendantin, die sonst, wie wir gesehen haben, nicht wortarm war, wußte im ersten Augenblick auch nichts zu sagen, da ihr der Fall Schwiegersohn noch gänzlich neu war, und die Sache fieng an, recht peinlich zu werden.

Endlich hatte der beklagenswerthe Assessor seinen Anfang wieder erhascht. „Durch den freundlichen Ton Ihres geehrten Schreibens ermuthigt," begann er, „bin ich so frei, mich persönlich vorzustellen und meine Werbung um Fräulein Emiliens Hand mündlich zu wiederholen. Wie ich —"

Aber so lange konnte Frau Schulze es nicht ertragen, still zu sein, besonders da sie wußte, was er zu sagen hatte!

"Sein Sie mir willkommen, mein lieber Herr Schwiegersohn," begann sie mit strahlendem Gesicht, "ich bin zwar die Mutter, aber ich darf wohl sagen, Sie haben in meiner Emilie eine gute Wahl getroffen."

Sie überschüttete den Assessor nun mit einem solchen Schwall von Redensarten, daß derselbe vor Verlegenheit nicht wußte, was er anfangen sollte — bis Alwine wie ein rettender Engel zwischen die beiden trat.

Gewiß das erste und letzte Mal, daß diese Jungfrau jemand wie ein Engel erschien! — Sie kam mit einem Tablett voll Erfrischungen aus dem Nebenzimmer und wurde von der Mutter stolz und vertraulich vorgestellt: "Meine Alwine, Herr Assessor — Dein künftiger Schwager, Alwine — finden Sie, daß sie meiner Emilie ähnlich sieht?"

Während der Assessor durch einen schüchternen Blick sich darüber beruhigte, daß seine Braut keinen Zug von Alwinen an sich trug, fixirte ihn seine neue Schwägerin scharf — erst prüfend, dann mit einem starren, feindlichen, entsetzten Ausdrucke, vor dem der Assessor sich zu einem Nichts zusammenschrumpfen fühlte und instinktiv empfand, daß ihm unter dem Tische mit der langen Tischdecke am wohlsten sein würde.

Auch der Rendantin fiel der kassandraartige Ausdruck ihrer Tochter schmerzlich auf.

„Aber wie siehst Du denn aus, Alwine?" fragte sie etwas gereizt, „Du hast doch manchmal etwas zu Eigenthümliches, ich sage es ihr immer, Herr Assessor, sie hat etwas zu Eigenthümliches! Sprich Dich doch aus, Alwine — es ist immer besser, man spricht sich aus — was hast Du denn?"

Alwine setzte das Theebrett hin und trat dicht vor den Assessor, der ohne Erfolg zurückzuweichen strebte.

„Sind Sie einmal in Göttingen gewesen?" fragte sie mit dumpfer Stimme.

„Jawohl!" erwiderte der tödtlich Erschrockene mit einem Gesicht und Ton, wie ein kleiner Junge, den der Lehrer fragt, ob er die Rechenexempel abgeschrieben hat.

Alwine nickte unheildrohend und düster.

„Haben Sie sich da photographiren lassen?" inquirirte sie weiter.

„Ich glaube, ja!" stammelte der unglückliche Freiwerber und sah sich scheu nach der Thüre um, der er sich zu nähern suchte. —

Die Rendantin sah der räthselhaften Scene mit immer wachsendem Erstaunen und Schrecken zu und rief alle Augenblicke „aber Alwine!" jedesmal um ein paar Oktaven höher.

„Und S i e wollen meine Schwester heirathen?" schrie Alwine jetzt mit vor Empörung halb erstick= ter Stimme, „Sie halten bei meiner Mutter um unsere Emilie an? — Wissen Sie, was man thun sollte? — Die Polizei sollte man holen lassen — das wäre das beste!"

Der Assessor war so lange mechanisch rückwärts gegangen, bis er an einen Gegenstand anstieß, der zu seinem Glück ein Stuhl war. Da seine Füße ihn nicht mehr tragen konnten, sank er in diesen Sessel und starrte kreidebleich und zitternd die Sprecherin an.

„Aber Alwine," rief die Rendantin mit Auf= gebot aller Stimmmittel, „was willst Du denn? was sagst Du denn? — was thut er denn?"

Alwine wandte sich langsam zu ihr. „Was er thut?" sagte sie und zeigte voll Abscheu nach dem vor Entsetzen fast gelähmten Assessor, „frage nicht, was er thut, sondern was er ist!" Hier machte sie eine unheilvolle Pause.

„Nun, was ist er denn?" rief die Mutter fast außer sich.

„Verheirathet ist er!" stieß Alwine heiser hervor.

Dann verstummten alle drei während einer langen, inhaltsschweren Minute. Endlich erhob sich der Assessor und gieng rückwärts nach der Thür, indem er Alwine unverwandt ansah und der Rendantin mit bebender Hand einen Wink gab, sich ihm zu nähern. Aber die arme Frau stand regungslos und betrachtete den Mörder ihres Familienglückes jetzt mit ebensolchem Abscheu, wie Alwine.

„Ich empfehle mich Ihnen!" brachte der Assessor mühsam heraus, „es wird sich alles auf= klären — bitte, schicken Sie doch gleich zum Arzt!"

Er warf einen sehnsuchtsvollen Blick nach sei= nem Hut, wagte es aber nicht, ihn zu holen, son= dern entwischte, so schnell er konnte, nachdem er die Thür glücklich erreicht hatte.

Als er auf der Treppe war, wurde ihm sein Hut von Alwinens zarter Hand nachgeschleudert — er setzte ihn erschüttert auf und gieng.

Alwine sah ihm aus dem Fenster nach. „Er geht in den blauen Löwen," sagte sie mit Grabesstimme, „da muß er ja zu kriegen sein — ich hole die Polizei."

Die Rendantin lag in halber Ohnmacht auf ihrem Sessel, und erst als Alwine an ihr vorbei wollte, hielt sie dieselbe krampfhaft am Kleide fest.

„Aber Alwine!" rief sie, vielleicht zum fünfzehnten Mal an diesem denkwürdigen Tage, „woher weißt Du denn, daß er verheirathet ist?"

„Woher ichs weiß?" erwiderte Alwine verächtlich. „Ich weiß es, weil mir seine eigene Frau auf dem Kaffee bei Rottmanns sein Bild gezeigt hat! Ich habe mirs genau angesehen und mir auch gemerkt, wo es gemacht ist. Er leugnete ja auch gar nicht — nicht mit einem Wort! Die Frau muß das wissen, ich gehe hin — aber erst hole ich die Polizei!"

„Nein!" rief die Rendantin lautschluchzend, „erst schickst Du zum Doktor — ich bekomme Brustkrämpfe — sofort schickst Du zum Doktor, und bis er da ist, bleibst Du bei mir! Ich soll wohl allein in der Wohnung sitzen? Wenn nun der Assessor wiederkommt und mich umbringt? So einem Menschen ist ja alles zuzutrauen!"

So wurde denn nach dem Doktor geschickt, und eine Viertelstunde darauf erstieg Müllner, durch die Botschaft: „es ist ein fremder Herr dagewesen und unsere Madam liegt in Krämpfen und Fräulein Alwine will die Polizei holen" auf eine recht erfreuliche Scene vorbereitet, die Treppe der Rendantin.

\* \* \*

An diesem ereignißreichen Morgen saß Lisbeth allein, blaß und niedergeschlagen im Wohnzimmer und schrieb. Anna war, ihrem Gelübde getreu, noch nicht aus der Rolle gefallen, und Lisbeth hatte, angesichts des fröhlichen Gleichmuthes, mit dem der Doktor ihre Verheirathung auffaßte, beschlossen, abzureisen, ohne ihn aufzuklären.

Sie ließ die Feder von Zeit zu Zeit sinken und starrte trübe vor sich hin — ja sie war so in Gedanken versunken, daß sie es gar nicht bemerkte, als Müllner hinter ihr auf der Schwelle erschien. Erst als er eingetreten war und die Thür ins

Schloß fiel, schreckte sie auf, wurde dunkelroth und drehte mit einer schnellen Bewegung den Bogen, auf den sie geschrieben hatte, so, daß das leere Blatt nach oben kam.

Der Doktor begrüßte sie.

"Nun, meine gnädige Frau," begann er und zog sich einen Stuhl zum Tisch, "Sie schreiben? lassen Sie sich ja nicht stören!"

"Es eilt nicht," erwiderte Lisbeth verlegen und begann auf der leeren Seite des Bogens allerhand Kritzeleien zu machen.

Müllner betrachtete sie eine Weile aufmerksam. "Sie sehen angegriffen aus," bemerkte er dann in ärztlichstem Tone, "und nicht nur blaß, sondern auch deprimirt. Wo fehlt es denn?"

"Ganz und gar nirgends!" erwiderte Lisbeth möglichst leichthin, "machen Sie sich keine Hoffnung, mich als Patientin zu bekommen, beruhigen Sie sich dabei!"

Der Doktor sah sie noch immer ernst an, aber nicht mehr ganz so berufsmäßig. Sie wich seinen Blicken verwirrt aus.

"Und wenn ich mich nicht dabei beruhigte," sagte er in seinem herzlichen Tone, "wenn es mir leid thäte, daß der — verzeihen Sie! — kleine Uebermuth, der Ihnen so allerliebst stand, seit einiger Zeit ganz verschwunden ist? Konsultiren Sie mich doch einmal!" fuhr er halb ernst, halb scherzend fort, „Sie wissen ja, ein Arzt ist ein halber Beichtvater — vielleicht weiß ich ein Spezifikum für Sie. Aber freilich, die erste Bedingung ist, daß der Kranke Vertrauen hat und die **volle Wahrheit** sagt!"

Er legte einen gewissen Nachdruck auf die letzten Worte. Lisbeth wechselte die Farbe und kämpfte sichtlich mit sich.

„Mir fehlt nichts," sagte sie endlich leise.

„Nun, ich will Ihnen glauben," entgegnete der Doktor ruhig, „aber machen wir die Probe! Ich will doch einmal sehen, ob Sie gesunde Nerven haben. Darf ich?"

„Was beabsichtigen Sie zu thun?" fragte Lisbeth mit aufgeregter Stimme und schnell athmend.

„Ich werde Ihnen ein Rezept schreiben," sagte er lächelnd, „nur ein paar Worte, wenn Sie die lesen können, ohne eine Miene zu verziehen, so will ich jeden Versuch, Sie zu kuriren, aufgeben. Im anderen Falle — nun, da werden wir ja weiter sehen, ob Sie sich meiner Behandlung anvertrauen wollen."

Er trat zum Tisch, während sie beängstigt schwieg, und schrieb auf einen Zettel: „Ihr Mann ist angekommen." Dann reichte er ihr das Blatt.

Sie las das Geschriebene und warf es mit einem halblauten Ausruf von sich.

„Das ist ein schlechter Scherz!" rief sie, während ihre Augen sich mit Thränen füllten.

„Es ist gar kein Scherz — er ist wirklich angekommen und im blauen Löwen abgestiegen — und — ich habe ihn sogar schon gesprochen!"

Lisbeth starrte den Sprecher mit weit offenen Augen an und griff krampfhaft mit der Hand nach der Stuhllehne.

„Was heißt das?" fragte sie tonlos.

Der Doktor zuckte die Achseln. „Weiter nichts, als daß Assessor Doktor Stein, das Original des Bildes, welches Sie mir gestern noch zeigten, angekommen ist und gleich hier bei Ihnen sein wird."

Lisbeth preßte das Taschentuch an die Lippen. „Weßhalb?" fragte sie nach einem momentanen Verstummen — mehr wie dies eine Wort brachte sie nicht heraus.

"Nun, ich könnte finden, daß dies eine sonderbare Frage sei, gnädige Frau," erwiderte der unbarmherzige Doktor, "aber ich will Ihnen nur gleich die Wahrheit sagen! Ihr beklagenswerther Gatte ist in Gefahr, mit der Polizei in Konflikt zu gerathen — er steht unter der Anschuldigung, mit Ihnen verheirathet zu sein und sich gleichzeitig anderweit verlobt zu haben! Wegen des Verhaftsbefehls, den man schon gegen ihn auswirken wollte, sind auf mein Ersuchen noch keine weiteren Schritte gethan, weil ich Sie bewegen wollte, ihm persönlich sein Unrecht vorzuhalten. Wann darf er hier erscheinen?"

"Nie!" rief Lisbeth laut und heftig, "nie! — er hat hier nichts zu suchen — er soll gleich abreisen — nein, ich werde abreisen — ach, wäre ich doch nie hieher gekommen!"

Und in der größten Angst und Erregung brach sie in Thränen aus. Der Doktor sah drein, als wenn ihm so etwas ganz begreiflich wäre.

"Haben Sie mir noch immer nichts zu sagen?" begann er nach einer kleinen Weile in sanftem, ernstem Ton.

Lisbeth trocknete sich hastig die Augen.

„Besinnen Sie sich einmal!" fuhr der Doktor fort, „ich möchte so gern das Recht haben, in dieser Sache für Sie einzutreten — ist es nicht eigentlich unrecht, daß Sie mich hier so stehen und warten lassen — — gnädige Frau?"

Lisbeth sah einen Moment zu ihm auf und dann rasch wieder vor sich nieder — es wurde ihr gar zu schwer, ihm ein Geständniß abzulegen — aber diese Betrachtungen kamen jetzt zu spät! „Bitte," sagte sie dann schnell und ganz leise, „bitte — nennen Sie mich nie mehr „gnädige Frau!"

Der Doktor sah sie glückselig an. „Das will ich Ihnen gern versprechen!" sagte er dann mit etwas stockender Stimme, „aber," und sein lustiger Ton gewann wieder die Ueberhand, „wir haben uns doch nun einmal unter der Anrede kennen gelernt — wollen Sie mir versprechen, daß ich später einmal statt dessen sagen darf: „liebe Frau?" — —

\* \* \*

Einige Minuten nachher trat der Doktor mit Lisbeth am Arm in das Zimmer seines Freundes. Anna, die am Fenster arbeitete, sprang mit einem Freudenschrei auf und fiel dem jungen Mädchen um den Hals.

„Also alles aufgeklärt," rief sie entzückt und schüttelte abwechselnd Lisbeth und dem Doktor die Hände.

Tante Agnes und Heinrich, welch' letzterer nun auch begreifen mußte, was sein Einfall für Früchte getragen hatte, kamen ebenfalls glück= wünschend herbei. Herr Rottmann vermochte aber doch nicht, sein und der Tante Leiden ganz über dem neuen Ereigniß zu vergessen.

„Ja, das ist alles recht schön und gut!" be= merkte er mißvergnügt, „aber jetzt wird wohl für die nächste Zeit gar nichts mit Dir anzufangen sein, Müllner! Ich wollte heut gerade mit Dir über die Massirkur sprechen, die ich beginnen möchte! Und wie wirds mit Tante Agnes' Kissinger?"

„Ich will Dir etwas sagen, alter Freund," erwiderte der Doktor, „ich bin ja jetzt gewisser= maßen Dein Verwandter geworden, indem ich mich mit der besten Freundin Deiner Frau verlobt habe. Verwandte glauben nun aber bekanntlich das un= angenehme Vorrecht zu haben, einander immer die Wahrheit zu sagen, und ich werde von diesem Vorrechte gleich Gebrauch machen! Ihr seid — dankt doch Gott dafür — eigentlich alle ganz gesund hier im Hause — der einzige, dem etwas fehlt, ist Dein unliebenswürdiger Köter — der hat Bronchialkatarrh! Dir aber fehlt nichts — oder doch etwas — nämlich Beschäftigung! Kaufe Dich wieder an, wirf Deine Bücher über alle möglichen und unmöglichen Krankheiten ins Feuer, besorge Deine Wirthschaft, mache Dir tüchtige Motion — und ich garantire dafür, daß Dir in vier Wochen kein Finger mehr weh thut!"

Heinrich stand nachdenklich da.

"Ach Heinrich!" rief Anna und fiel ihm um den Hals, "das wäre zu schön!"

"Au!" rief Heinrich und machte sich los, "Du stößt mich gerade an die Schulter, in der ich damals meinen Rheumatismus hatte — nun wird die wieder lange weh thun!"

Agnes zückte bereits die Flasche mit dem pain-expeller nach ihm. "Fort damit!" rief der Doktor peremptorisch, "wir wollen ihn einmal auf knappe Kost mit der Medizin setzen, Fräulein Agnes! Sie sollen sehen, wie gut ihm das bekommt. Ich verstehe wirklich am besten, den Leuten etwas zu verordnen — fragen Sie nur meine Braut!"

Lisbeth lachte und gab ihm schüchtern die Hand.

„Nun dann verschreiben Sie auch mir eine Lebensweise," bemerkte Agnes pikirt — sie sah Heinrich bereits im Geiste ihrem Tropfen- und Pillenregime entgangen, und das war ihr über den Spaß.

„Sie folgen mir doch nicht!" erwiderte der glückliche Bräutigam, „also schlage ich Ihnen nur vor, heirathen Sie einen netten Apotheker — da können Sie so viel Medizin nehmen, wie Ihr Herz begehrt! Und es wächst Ihnen alles zu — das kann ich Ihnen nicht einmal verschaffen!"

„Ich dachte, ein Doktor könnte alles besser, wie andere Leute!" erwiderte sie satirisch.

„Nur keine Liebeserklärungen machen," lachte Lisbeth, „denn etwas so Prosaisches hat noch nie ein Mensch bei solcher Gelegenheit gesagt; das muß ich Dir doch einmal erzählen, Anna!"

Natürlich schrieb der Doktor noch in derselben Stunde zwei aufklärende und entschuldigende Briefe nach dem blauen Löwen und an die Frau Rendantin, in denen er seine Verlobung mit der angeblichen Gattin des künftigen Schwiegersohnes anzeigte, eine verwickelte Verwandtschaft, aus der klug zu werden er Frau Schulze in krassem Egoismus überließ.

Da acht Tage später auch die Verlobung des armen Assessors mit Emilie Schulze in der Zeitung stand, so wird die Sache wohl in Ordnung gekommen sein.

# Die Landpartie.

## I.

Mit dem Worte „Landpartie" verbinden die meisten Menschen in unausrottbarem Sanguinismus einen heiteren, strahlenden, erfreulichen Begriff — eine Vorstellung von etwas, das man herbeiwünscht, aufsucht, um das man sich Mühe gibt, und das für alle etwaigen Strapazen einen ganz hinreichenden Lohn an Freudenausbeute in sich schließt.

Wen nun sein Geschick gar in die große Stadt verschlägt, wo er die ganze Woche über Pflastersteine tritt und die dunstige, dicke Atmosphäre der Straßen schluckt, den erfaßt Sonn- und Feiertags ein „namenloses Sehnen" nach guter Luft, nach wirklich grünen Blättern ohne Staubmäntel —

nach Vogelgesang — Idylle — mitgenommenen Butterbröten — Lagern auf feuchten Wiesengründen — kurz — nach einer Landpartie.

Mehr wie zwei — höchstens drei Personen sollten ein derartiges Unternehmen nun schon nie ins Werk setzen. — So lange es den Charakter des Spaziergangs beibehält, ist ja die Sache sehr nett und unter Umständen wirklich poetisch und erfrischend, aber die echte, richtige Landpartie par excellence — der Massenausflug von Mann, Frau und Kindern — das ist immer eine sehr bedenkliche Sache!

Der Justizrath Kluge in B . . . . theilt augenscheinlich meine Ansicht nicht, denn er beabsichtigt, am nächsten Sonntag in früher, sehr früher Morgenstunde aufzubrechen und mit seinen sämmtlichen Angehörigen eine Tagespartie nach dem Grunewald zu unternehmen.

Wer noch nie in der Lage war, eine zahlreiche Familie durch alle Stadien einer Landpartie zu geleiten, „der kennt euch nicht, ihr himmlischen Mächte!"

Der erste Akt des Dramas spielt den Tag vorher. Die Unmöglichkeit, daß alle zugleich das Haus verlassen können, liegt klar zu Tage, da die Ein=

brecher dann mit Recht auch auf ein besonderes Feiertagsvergnügen in der leeren Wohnung rechnen würden. Aber selbst von dieser Eventualität abgesehen unterscheiden sich Kluges nicht von anderen großen Familien — einer wenigstens hat bestimmt Zahnweh oder Kopfweh oder ein anderes Weh, und ein etwas mürrischer Samariter muß bei ihm bleiben.

Der Moment, der entscheiden soll, wem dieser Liebesdienst zufällt, ist gekommen. Die Leidende ist Lenchen, ein halbwüchsiger Backfisch von dreizehn Jahren, die unter der doppelten Last eines geschwollenen Gesichts und der von diesem Alter unzertrennlichen Portion Weltschmerz fast zusammenbricht.

„Geht nur alle — ich brauche niemand, ich werde schon allein fertig werden," sagt sie bitter und resignirt, als sich unter den Geschwistern ein leises Zögern bemerklich macht, wer als Marcus Curtius in den Abgrund freiwilliger Entsagung springen soll.

Während die Entscheidung dieser Frage alle Saiten in den Herzen der Klugeschen Familie erdröhnen läßt — Opfermuth, Resignation, Weltver=

achtung — geht der Vater ungeduldig im Zimmer auf und ab und ängstigt sich, obwohl er thut, als ob es ihm im Grunde gleichgültig sei, wer zu Hause bleibt.

Der Justizrath theilt die Schwäche vieler Eltern — er hat einen Liebling! Einen unmotivirten, für die anderen Geschwister, wie für die ganze übrige Welt unerklärlichen Liebling — aber wer kann für sein Herz? Das Herz des Justizraths, sonst ein wohlwollendes, billiges Herz, neigt in Fragen der Gerechtigkeit blind nach Karl hinüber.

Karl zeichnet sich vor den andern durch ungeheure Eßlust, große Ungezogenheit und viel Anlage zu dummen Streichen aus — aber der Justizrath liebt ihn und verzieht ihn. Eine ganz ungerechtfertigte Angst, daß Karl zurückgelassen werden könnte, schnürt daher seine väterliche Brust zusammen — ungerechtfertigt, weil sich niemand schlechter zur Pflege und Unterhaltung für einen Leidenden eignen würde, als „der Liebling," wie das kleine Unthier von den Geschwistern ironisch bezeichnet wird.

Während die Familie streitet und der Justizrath dazwischen ruft: „nun, Kinder, entschließt Euch

— macht ein Ende" — sitzt die Mutter scheinbar antheillos in ihrer Ecke und hört dem Kampf der Ihrigen lächelnd zu. Sie weiß ganz genau wie die Sache verlaufen wird — sie weiß, daß sie schließlich doch diejenige ist, die den Sonntag bei Lenchens geschwollener Backe verlebt, und daß ihrer Versicherung: „ich mache mir gar nichts daraus, mitzufahren," allgemein erleichtert Glauben geschenkt wird.

So kann sie den Gang der Handlung mit demselben ungestörten Kunstgenuß verfolgen, wie jemand im Theater ein Stück ansieht, dessen Schluß ihm gut bekannt ist.

In anderen Fällen würde ihre blonde Tochter Anna, die stets für die Mutter bedacht ist, ernstlich den Versuch machen, ihre Ansprüche zu cediren — aber Annchen ist achtzehn Jahr und weiß, daß heute auch andere Leute Sonntagsausflüge nach Grunewald machen — z. B. der Assessor Stenzel!

Hätte der Justizrath übrigens das Letztere gewußt, so wäre er sofort nach der entgegengesetzten Richtung abgedampft — Väter sind manchmal zu sonderbar!

Der Justizrath hatte noch gar keine Lust, die

Erfahrung zu machen, daß Eltern den Hühnern gleichen, die Enteneier ausgebrütet haben, er wollte seine Entlein noch eine hübsche Zeit für sich behalten, ehe er sie in das Fahrwasser der Herzenserlebnisse schwimmen ließ, auf das Annchen nun schon zusteuerte. — Und so hatte er denn einen ganz unberechtigten, unbesiegbaren Haß auf den Assessor geworfen — nicht als Persönlichkeit, denn da war gar nichts gegen ihn zu sagen — aber als Repräsentant einer Klasse — der Klasse der Schwiegersöhne. Nebenbei war Anna ein so allerliebstes Mädchen, daß man es keinem Vater verdenken konnte, der sie lieber noch ein Weilchen für sich behielt, als daß er sie einem beliebigen Fremden auslieferte, der sie aller Wahrscheinlichkeit nach nicht so zu schätzen wissen würde, wie die, die sie aufwachsen und in ihrer ganz besonderen Lieblichkeit sich hatten entfalten sehen. Schade nur, daß die Töchter in diesem Punkte manchmal so verschiedene Ansichten von denen der Eltern haben!

Die brennende Streitfrage bei Justizraths war nach Erwarten entschieden worden — man kam überein, daß das Ganze für „Mama" mehr Anstrengung wie Vergnügen wäre, und als Mama dem bereitwilligſt zuſtimmte, lavirte die Familie mit Blitzesſchnelle in den Zuſtand hinein, in dem die Vergnüglinge ſich eigentlich ganz bedauerns= werth finden und die Zurückbleibenden um die Ruhe beneiden, die ſie genießen werden, wenn das Haus leer iſt.

Man begab ſich dann zu Bett — früher als ſonſt, da den nächſten Morgen, wie geſagt, ſehr zeitig aufgebrochen werden ſollte. Der zu Land= partien im großen Stil gehörende Nachtwächter „zum Wecken" war beſtellt, und die Kindergeſell= ſchaft wurde eiligſt ins Schlafzimmer gejagt.

Karl und Paul — die Quartaner — brachten noch einige Abwechſelung in das Gemälde abendlichen Friedens, indem ſie ſich im voraus darum zu prü= geln begannen, wer morgen auf dem Bock ſitzen ſollte — eine Frage, die der Vater entſchied: „Karl ſitzt auf dem Bock — Du biſt noch viel zu klein, Paul!" obwohl das eine Jahr, welches der Liebling mehr zählte, ihn auch nicht ſo ſehr viel verſtändiger gemacht hatte — dem Anſchein nach. Als die Jugend ſich zu Bett verfügt hatte — Annchen zog den Kleinſten aus, der ſehr an ihr hieng — und die Eltern noch einen Augenblick allein waren, sagte die Justizräthin: "Ludwig, ich habe eine Bitte — nimm Malchen Wunderlich mit! Da ich Euch nicht begleite, wäre es mir eine wahre Beruhigung, eine zuverlässige Person bei den Kindern zu wissen, und Dir selbst würde es die Sache erleichtern, Du mußt sonst immerfort hinter ihnen her sein. Auch um Annchens willen ist es so viel netter, wenn eine ältere Dame dabei ist — thu mirs zu Liebe!"

"Nun meinetwegen," erwiderte der Justizrath und zündete sein Licht an, um zur Ruhe zu gehen, "aber sie wird gar nicht kommen — Du kannst sie doch jetzt, halb zehn Uhr abends, nicht mehr gut heraustrommeln lassen, und morgen früh mit dem ersten Zuge gehts fort."

"Laß das meine Sorge sein," sagte seine Frau, während er hinausgieng. In Wahrheit hatte die Mutter das bewußte Fräulein schon am Tage vorher auf die Ueberraschung dieser Aufforderung vorbereitet, da sie, wie gesagt, genau wußte, daß sie zu Hause bleiben mußte und ihren Mann, der oft die Gedanken nicht recht beisammen hatte, nicht mit fünf Kindern ohne eine beruhigende Autorität in die Welt fahren lassen mochte.

Daß er die vier Großen: Ännchen, den drei Jahre jüngeren Sekundaner Rudolf und die vorerwähnten beiden Jungen Karl und Paul mitnahm, war ja ganz in der Ordnung. Zu welchem Zweck aber der dreijährige Franz, sich selbst und anderen zur Last, der Gesellschaft aufgebürdet wurde, vermochte das mütterliche Herz nicht einzusehen. Aber der Vater, in einem Anfall von Familienraptus, hatte den bestimmten Wunsch ausgesprochen, die Kinder alle mitzunehmen, und seine Frau wollte ihm den frohen Tag nicht durch Einreden verderben — um so weniger, da Lenchen schon so zur Unzeit angeschwollen war und den nie fehlenden Schatten auf das lichte Zukunftsbild warf.

Fräulein Wunderlich, der die schöne Aufgabe zuertheilt wurde, den Kindersegen der Familie hüten zu helfen, war die Hausfreundin, Vertraute und nominelle Tante bei Justizraths — eine kleine, runde, alte Jungfer mit einem verschämten, rothbackigen Gesichte, sehr ängstlich und zimperlich, sehr peinlich und gewissenhaft.

Der nächste Morgen sah wolkenlos in die Fenster, als der Nachtwächter, getreu seinem Versprechen, donnernd an die Hausthüre klopfte. Die freudige

Erregung des Ungewöhnlichen half über den schweren Entschluß des Aufstehens fort, alles verließ die nächtliche Ruhestätte. Selbst die Mutter und das leidende Lenchen erschienen auf der Bildfläche mit dem geheimen Vorbehalt, sich dann sofort wieder hinzulegen.

Das Frühstück, die ungewohnten noch warmen Semmeln, welche die Mutter mit einiger Angst als Beginn der Festtagsfreuden vom Teller verschwinden sah, wurden in der gewissen krampfhaften Fröhlichkeit eingenommen, die früh so leicht über den Menschen kommt und erfahrungsmäßig oft blitzschnell in ihr Gegentheil umschlägt. Der schwächste Versuch zu einem Witz wurde mit nie endenwollender Heiterkeit begrüßt, die ihren ersten Dämpfer durch den Vater erhielt: „nun laßt das alberne Gelächter sein — es ist nicht zum Aushalten," worauf noch verschiedene, erst mühsam unterdrückte, dann künstlich gesteigerte Lachversuche folgten und endlich im Wirrwarr des Aufbruchs verstummten.

Malchen Wunderlich erschien sehr pünktlich, wie es ihre Art war, in einem Spitzenhut mit Blumen, die jedem Kornfeld Ehre gemacht hätten, und brannte vor Pflichteifer.

Zunächst äußerte sich dieser darin, daß sie behauptete, es sei sehr kühl und die Morgenluft anerkannt gefährlich. Sie zwang demgemäß die Knaben, ihre unwilligen Arme in Jacken zu stecken und Halstücher umzubinden, eine Maßregel, welche die üblichen Erstickungspantomimen und das „vor Hitze umkommen" zur Folge hatte, das sich bei halbwüchsigen Kindern sofort nach dem Anlegen eines unbeliebten Kleidungsstückes zeigt.

Die Justizräthin hätte ein Veto eingelegt, aber Malchen versicherte ihr, sie führe nur unter der Bedingung mit, daß die Kinder sich warm anzögen, „ich habe die Verantwortung," fügte sie bedeutsam hinzu.

Annchen, die aus nur ihr bekannten Gründen besondere Sorgfalt auf ihre Toilette verwandte, kam so rosig, frisch und hübsch, als hätte der Sonntagmorgen ihre Gestalt angenommen, in einem großen, runden Hut herein und verkündete, daß es Zeit sei.

„Gib uns ein Butterbrot mit," hatte der Justizrath am Abend vorher gesagt, „die Kinder bekommen auf den weiten Wegen Hunger, und es ist dann nichts zu haben — das kenne ich." So wurde denn ein großer Kober mit Mundvorrath gepackt, und zwischen Karl und Paul entstand abermals blutiger Kampf um das Vorrecht, dieses wichtige Gepäckstück zu tragen. Die Mutter beschwichtigte mit dem auf Erfahrung begründeten Ausspruch: „Laßt es nur gut sein, ehe es Abend wird, schlagt Ihr Euch schon darum, wer ihn nicht tragen soll."

Die vielduldende Droschke, der die Familie einverleibt wurde nach dem Prinzip, „wer nicht Platz hat, quillt heraus," hielt indeß vor der Thür. Der Kutscher zählte die Einsteigenden laut und ironisch, erwies sich aber doch wie die meisten Droschkenkutscher als ein wohlwollendes Wesen, indem er die Bockfrage dadurch entschied, daß er beide Jünglinge neben sich pferchte, und nun gieng es nach der Stadtbahn.

Malchen Wunderlich litt die entsetzlichsten Qualen in der Angst, die Jungen möchten vom Bock stürzen und so bereits bei Beginn der Fahrt ihrer Verantwortlichkeit durch Unglücksfälle Schande machen. Sie stand in schwebender Stellung mit ausgebreiteten Armen und machte heimliche Versuche, die Gegenstände ihrer Sorge an den Jacken zu halten, welche von den beiden sofort entdeckt und mit zornigem Losreißen erwidert wurden. —

Rudolf, der sich augenblicklich im Stadium

äußerster Feinheit befand, blaue Schlipse trug, die Toiletten der Schwestern tadelte und bei Ausflügen mit der Familie beständig vor spöttischen Schulkameraden zitterte, die ihn in kritischen Momenten sehen könnten, blieb über Tante Malchens Benehmen in einem so beständigen Erröthen der Wuth, daß er fast Nasenbluten bekam, und selbst der Justizrath, der schon bei dem angstvollen Gebahren seiner oktroyirten Begleiterin ganz nervös wurde, forderte sie etwas rauh auf, Platz zu nehmen.

Wer jemals an einem Sonn= oder Feiertage den Versuch gemacht hat, auf der Stadtbahn zu fahren, der — thut es gewiß nicht wieder!

Das „o weh!" des Justizraths erschien mehr als gerechtfertigt, als er vom Schalter kommend seine Billets in der Hand, die Zahl der Fahrlustigen sah, die lachend, scheltend, tobend, stoßend den Eingang zu den Coupés des schon dahaltenden Zuges sich zu erkämpfen suchten. Trotzdem jeder Waggon zwei Etagen hatte, war doch alles augenblicklich so überfüllt, daß die Familie einsah, mit diesem Zug könne sie unmöglich fortkommen, und den nächsten abzuwarten beschloß.

Eine leise Verdüsterung bemächtigte sich bereits

der Seele des Justizrathes, aber „es kommt ja alle zehn Minuten ein Zug," tröstete ihn Annchen, die um so gefaßter war, als der Herr im grauen Touristenanzug, der sie bei ihrem Erscheinen auf der Treppe mit tiefer Verbeugung begrüßt hatte, auch nicht mit einstieg. —

Indessen ergossen sich immer neue Ströme von Vergnügungsreisenden auf die Perrons, und da der Kampf ums Dasein meist den Rücksichtslosen begünstigt, oder doch den, der für sich allein sorgt und sich um keinen weiter zu kümmern hat, so waren nach und nach vier Züge dem Justizrath vorbeigeeilt, ohne daß er im Stande gewesen wäre, anders als mit Zurücklassung einiger Kinder mit zu fahren.

Es war eine der Situationen, von denen ein tiefer Beobachter gesagt hat, „daß es Augenblicke im menschlichen Leben gäbe, wo man nicht unverheirathet genug sein kann," denn wie gesagt, einem einzelnen konnte es nicht schwer werden, sich einen Platz zu erobern. Um so mehr mußte es auffallen, daß der Herr im grauen Anzug, den wir, um die Spannung unserer Leser nicht ins Grenzenlose zu steigern, als Assessor Stenzel vorstellen wollen, auch noch nicht mit gekommen war, sondern ab=

wartend auf dem Perron stand und sein Billet zwischen den Fingern drehte.

Als jetzt wieder ein Zug von einer lärmenden Menge erstürmt, besetzt und unter anmuthigem Gejohle behauptet wurde, wandte sich der Justizrath mit einer gewissen Resignation um: „Kinder, ich denke, wir schreiben die Billets in den Schornstein, geben die ganze Fahrerei auf und gehen ruhig nach Charlottenburg, da sitzen wir in dem schönen schattigen Parke und sind bei guter Zeit wieder zu Hause!" — Dieser an und für sich höchst annehmbare Vorschlag aber wurde von dem jüngeren Theile der Familie mit großer Mißbilligung begrüßt. Kinder sind in Bezug auf versprochene Plaisirs blutdürstig, sie stehen wie Shylok auf ihrem Schein, und ein Ausflug nach dem Grunewald, der sich schließlich in einen einfachen Spaziergang wandelt, wäre ihnen als ein frevelhafter Betrug erschienen. Und als der „Liebling" gar in ein mißtönendes Geheul ausbrach, was Rudolf bewog, mit majestätischen Schritten ans andere Ende des Perrons zu gehen und zu thun, als gehöre er nicht zur Gesellschaft — da schmolz das Herz des Justizraths und er bestimmte: „Schön, wir wollen noch e i n e n

Zug abwarten, kommen wir aber mit dem nicht fort, so bleiben wir hier."

Der Assessor näherte sich bei dieser kritischen Wendung dem Familienvater, dessen wohlwollendes Antlitz sofort einen Zug von mißbilligender Strenge annahm.

„Ich fahre auch nach dem Grunewald, Herr Justizrath," begann er mit einer leichten Verlegenheit, „vielleicht darf ich mir erlauben, Ihnen beim Aufsuchen der Plätze für die Ihrigen behilflich zu sein — oder, falls sie nicht alle im selben Wagen Raum finden, die Sorge für die übrigen auf mich nehmen?"

Annchen, die sich währenddessen angelegentlich damit beschäftigt hatte, dem kleinen Franz das Halstuch mehrmals auf und wieder zuzubinden, blickte rasch in die Höhe — des Vaters Antlitz war durchaus nicht erhellt durch den so liebenswürdigen und uneigennützigen Vorschlag des Assessors.

„Ich danke sehr," erwiderte er mit kühler Förmlichkeit, „hier gilt wohl das Sprichwort, „jeder ist sich selbst der Nächste" — und so werden Sie sicher genug zu thun haben, um einen Platz für sich zu erlangen — kommt, Jungens!"

Tante Malchen war im Hintergrunde beschäftigt, Karl und Paul an ihre Seite zu fesseln, die sich unaufhörlich aalglatt ihren Händen entwanden, einander zwischen den Passagieren durchjagten und in jeder Weise zur Belebung des Ganzen beitrugen.

Jetzt — ein gellender Pfiff — der Zug, von welchem der Vater gesagt hatte, „dieser oder keiner" — brauste heran, und durch ungewöhnliche Energie gelang es dem Justizrath, eine Coupéthür mit der ganzen Wucht seiner Persönlichkeit zu versperren und die Seinigen hinein zu lotsen — wenigstens den Anfang damit zu machen — während unter seinen ausgebreiteten Armen durch die Ausflügler in jeder Gestalt theils mit, theils ohne Erfolg durchzuschlüpfen versuchten.

Anna wollte eben einsteigen, als sie sah, daß ihre beiden jüngeren Brüder den Moment vor der Abfahrt noch schnell benutzten, um sich mittels des an dem Brunnen befestigten Bechers naß zu gießen, und als sie die Knaben vor sich her nach dem Coupé jagte, wo sie von dem zürnenden Vater rasch hinein geschoben wurden, schloß der Schaffner die Thür, „hier ists voll" — und Anna und Tante Malchen standen auf dem Perron.

Was konnte da der Justizrath dawider haben, daß der Assessor mit Lebensgefahr für die beiden Damen Bahn brach und ihnen ein anderes Coupé eröffnete, in dem Anna sogar einen bequemen Eckplatz fand? Der Assessor allerdings mußte, um in ihrer unmittelbaren Nähe zu bleiben, stehen, und Tante Malchen wurde wie ein Keil zwischen zwei erbitterte Handlungsreisende getrieben, wo sie, „der Noth gehorchend, nicht dem eigenen Trieb," sitzen blieb, ohne ein Glied zu rühren, bis der Bestimmungsort erreicht war.

Diese drei also waren versorgt und verhielten sich während der Fahrt freiwillig und gezwungen ruhig. Der Assessor und Anna plauderten mit halblauter Stimme, da es doch nicht nöthig war, daß der Berliner Sonntagsausflügler en gros an ihrer Unterhaltung theilnahm, und Tante Malchen, die mit dem Stande der Dinge und des Justizraths Angst vor Schwiegersöhnen genugsam bekannt war, schoß beständige Dolchblicke nach dem Paar, als fürchte sie, es könnte sich, angesichts von zwölf Reisegefährten, eine Verlobung vollziehen, für die sie sich in ihrer hilflosen Lage doch natürlich verantwortlich gefühlt hätte.

Der Justizrath im Nebencoupé kostete indeß alle Freuden einer Partie mit Kindern durch. Fränzchen, des Vorrechts seiner drei Jahre eingedenk, fragte erst siebzehnmal mit weinerlichem Tone: „Fahren wir noch nicht ab?" Als das Ziel seiner Wünsche erreicht war und der Zug sich in Bewegung setzte, fragte er eben so oft: „sind wir noch nicht da?" und schlief dann sofort in den Armen des Vaters ein, der, eine unwillige Illustration zum Erlkönig, bei einundzwanzig Grad Reaumur dasaß und bei dem leisesten Versuch, sich seiner süßen Last zu entledigen, ein nie endenwollendes Geschrei des „mitgenommenen" Kindes gewärtigte.

Rudolf hatte gehofft, die Eisenbahnfahrt separirt von den Seinigen zurückzulegen, und in dieser Hoffnung bereits eine Cigarre zu sich gesteckt — ein Genuß, in den ein Freund von segensreichem Einfluß ihn vor einigen Tagen unter furchtbaren Qualen eingeweiht hatte. Dieser Traum war vereitelt, und er saß in Folge dessen etwas verdrießlich neben einer alten Dame mit einer großen, runden Brille und einem Eulengesicht, die, sowie er sich rührte, ihn ärgerlich aufforderte, still zu sitzen, welchen Tadel sie durch die tödtlichste Beleidigung verschärfte, die man einem Sekundaner zufügen kann, indem sie sagte: „daß K i n d e r doch auf Reisen so leicht die Geduld verlieren!"

Der Justizrath mußte beständig zu ihm hinüberwinken und plinken, um ihn zu einiger Ehrfurcht gegen das Alter zu nöthigen. Karl und Paul repräsentirten die Klasse der Reiseplagen in ihrer größten Vollkommenheit. Sie waren kaum eingestiegen, als sie es bereits unerträglich heiß fanden, die Hüte abnahmen, die Handschuhe auszogen, ja sich der Kittel entledigt hätten, wenn nicht der Vater dadurch, daß er sich erkundigte, ob sie verrückt geworden wären, ihrem Abkühlungsverfahren ein Hemmniß in den Weg gelegt hätte.

Dann wurden sie von furchtbarem Heißhunger befallen, und der Justizrath, um ihnen im wörtlichen Sinne den Mund zu stopfen, überließ ihnen den Eßkorb, der sich unter ihren Händen mit einer Geschwindigkeit leerte, die den „erwachsenen" Rudolf zu angstvollen Seitenblicken über seine Eulennachbarin hinweg veranlaßten.

Schließlich that der Vater Einspruch in dem Gedanken, daß der Inhalt des Korbes ja aus ökonomischen Gründen den Tag über zur Ernährung seiner zahlreichen Familie aushalten sollte, und der Rest der Fahrt wurde von den beiden Jungen dadurch verkürzt, daß sie sich heimlich schubsten und Höflichkeitsbezeugungen austauschten, die in „selber einer" u. a. gipfelten.

Dem Justizrath that schließlich von der Hitze und den vielen abwehrenden, drohenden und zustimmenden Bewegungen schon der Kopf weh, dabei addirte er im Geiste die bisherigen Freuden der Landpartie, die in Annchen mit dem Assessor im Nebenwagen und dem schweren, schlafenden Franz den Gipfel erreichten.

Als sich endlich im Grunewald die Waggons leerten, fand sich unsere Familie zusammen, aber als der Justizrath die Schar der Seinen mit Feldherrnblick überzählte, hatte sich dieselbe um ein Mitglied vermehrt — der Assessor bat mit eherner Stirn um die Erlaubniß, sich anschließen zu dürfen. Er trotzte dem Stirnrunzeln des Justizraths mit um so kühnerem Muthe, als seine Unterhaltung mit Anna ihm unterwegs die Sicherheit gewährt hatte, sie werde ihm vorkommendenfalls bei einer Differenz ihre Unterstützung nicht versagen.

Der Justizrath streckte die eingeschlafenen steifen

Arme, auf denen Franz die Fahrt zurückgelegt hatte, und forderte die Gesellschaft mißmuthig auf, nun nach dem Walde aufzubrechen. Fränzchen war außer Stande, sich aus seiner Schlaftrunkenheit zu ermannen, er fiel einfach um, wenn er auf die Füße gestellt wurde, und bei den leiseren und derberen Versuchen, ihn zu wecken, schob sich seine Unterlippe in vielversprechender Weise vor.

Das Auskunftsmittel, welches getroffen wurde, um das unglückliche Kind in die Waldeinsamkeit zu schaffen, versetzte Rudolf in das tiefste Stadium moralischer Erniedrigung — er mußte das Brüderchen **tragen!** Wenn Weinen nicht noch blamirender gewesen wäre, hätte er seiner männlichen Brust diese Erleichterung verschafft — so hob er mit zitternden Händen den Jungen vom Boden auf, faßte ihn mit so viel Vorsicht, als wäre er aus glühendem Eisen, und trug ihn mit allen Zeichen des Widerwillens. Er markirte diese Empfindung so deutlich, daß der Vater ihn zornig aufforderte, „sich nicht zu haben." Als sie gerade an einer Gesellschaft von jungen Damen, mit denen Rudolf Tanzstunde hatte, vorbeikamen, legte Fränzchen, der nichts von den Gefühlen ahnte, welche die Brust des Sekundaners durchwühlten, seine Arme zärtlich um dessen Hals und das Köpfchen auf seine Schulter, so daß Rudolf in dieser sentimentalen Pose vor Hitze und verletztem Ehrgefühl fast der Schlag gerührt hätte.

Tante Malchen, um ihre unfreiwillig versäumten Pflichten bei dem zu beobachtenden Paare nachzuholen, heftete sich wie ein furchtbares Gespenst der Nacht an ihre Sohlen und trennte bei jeder Biegung des Weges Anna von dem Assessor, sich wie eine feindliche Woge zwischen sie schiebend.

War es dem jungen Mann wieder einmal gelungen, neben die Auserwählte seines Herzens zu kommen und eine bedeutsame, halblaute Bemerkung oder Frage an sie zu richten, so konnte er sicher sein, daß Tante Malchen wie ein Stoßvogel dazwischen fuhr und ihn durch die höflichen Worte: „wie meinten Sie?" in den Fall setzte, entweder zu lügen oder die durchaus nicht an die Adresse der Tante gerichtete Süßigkeit durch laute Wiederholung nichtig und lächerlich zu machen.

Er gab es schließlich auf, den Hinweg zu einem entscheidenden Wort zu benutzen, und köpfte mit Annas Sonnenschirm so ingrimmig die harmlosen

Feldblumen am Wege, als hätte er die Tante vor sich, bis Anna ihm mit einem leise bedauernden „ach!" den Schirm aus der Hand nahm.

Der Justizrath führte den Zug fast berstend vor Aerger, daß er so unerwartet zu dem Assessor gezwungen wurde. Er war ganz unfähig, sich mit gleichgültigen Worten an der Unterhaltung zu betheiligen, und lud sich bei jedem Schritt mehr voll Zorn, der nur auf eine schickliche Gelegenheit wartete, um loszubrechen.

Paul und Karl umschwärmten die Gesellschaft, die etwas träge durch den tiefen, heißen, märkischen Sand watete, wie raffinirte Bienen, summten und stachen jeden unparteiisch, bis sie plötzlich unheimlich still wurden und ein reiches Lager von Kletten entdeckt hatten, dessen schönste und größte Exemplare sie mit namenloser Geschicklichkeit den Ihrigen hinterrücks ansetzten.

Endlich nahm der Waldesdom die Wandermüden in seinen Schatten auf. Die ganze Poesie des Fichtengrüns und Harzduftes erschloß sich und machte, von den zahllosen Mücken abgesehen, den Moment der Lagerung zu einem wirklich hübschen und angenehmen.

Anna, vom Assessor feurig unterstützt, impro=

visirte eine gedeckte Tafel auf grünem Moos und arrangirte die Reste des mitgenommenen Mahles.

Fränzchen, den der arme Rudolf sofort bei der Ankunft voll Abscheu unter eine breitästige Fichte geschleudert hatte, erwachte pünktlich zur Essenszeit, und eine der üblichen Mahlzeiten im Freien wurde gehalten, bei denen die Käfer in den Gläsern, die Fliegen in der Milch und die Mücken auf den Händen den Hauptunterschied von einer Mahlzeit im Zimmer bilden.

Unmittelbar nach Tisch sank der von den verschiedensten physischen und psychischen Empfindungen bewältigte Justizrath in hörbaren Schlummer. Tante Malchen, die „eigentlich" nie nach Tische schlief, machte ihre tägliche Ausnahme von diesem Grundsatz und reiste zu allgemeiner Erleichterung in das Land der Träume. Fränzchen baute eine phantastische Hütte aus Reisern von der Größe seines Fingers, in der nach seiner Versicherung die Frösche wohnen sollten, und Rudolf suchte mit seiner Cigarre eine Einöde auf; da er keinem Coupégenossen durch kunstgerechtes Ausstoßen bläulicher Dampfwolken hatte imponiren können, wollte er das schmerzliche Glück des Rauchens doch wenigstens allein genießen.

Paul und Karl hatten sich zuerst damit vergnügt, mittels sehr langer Gräser das Krabbeln der Fliegen täuschend zu imitiren, und Tante Malchens rothe Wangen zum Schauplatz ihrer Thaten erkoren, sich an den schlaftrunkenen und wilden Bewegungen ergötzend, mit denen die gute Dame die vermeintlichen Insekten verscheuchte.

Der Assessor aber, der in wirklich rührender Weise für den Nachmittagsschlaf der älteren Herrschaften besorgt war, wehrte ihnen mit großem Ernst die Ausübung dieses Sports, und so trabten denn die beiden Unholde durch die Büsche von dannen, um „Räuber und Wanderer" zu spielen.

Der Assessor und Anna schlenderten ebenfalls langsam zwischen den Bäumen hin und sprachen zuerst gar nicht, obwohl sie jetzt niemand unterbrach. Anna bückte sich von Zeit zu Zeit, um kleine Wiesenblumen zu pflücken, die sie zum Strauß zusammen fügte. Endlich begann der Assessor etwas unsicher: „Haben Sie eine Ahnung, Fräulein Anna, was Ihr Herr Vater gegen mich hat? In früheren Jahren, als ich das Glück hatte, in seinem Hause zu verkehren, in meiner Studentenzeit, war er immer so außerordentlich freundlich und gütig, und neuer=

dings muß ich fast fürchten, daß er mir sein Wohlwollen ganz entzogen hat. Glauben Sie, daß ihm meine Persönlichkeit irgendwie unsympathisch ist?"

„Das kann ich mir eigentlich gar nicht denken," erwiderte Anna ehrlich und sah in die Höhe — aber plötzlich wieder zu Boden, als ihr klar wurde, daß ihre Worte einer nicht ganz unerfreulichen Deutung für den Assessor fähig waren.

Der Assessor lächelte etwas beglückt und etwas verlegen — zwei Empfindungen, die sich sehr gut vertragen.

„Es thut mir so leid," sagte er dann wieder, „daß es mir gar nicht gelingen will, zu einem Manne in ein freundliches Verhältniß zu kommen, an dessen Ansicht über mich mir begreiflicherweise so viel gelegen ist. Wenn ich nur wüßte, was ich thun könnte, um ihn recht günstig gegen mich zu stimmen!"

Anna hätte dem Assessor hier nur den sehr praktischen Rath zu ertheilen brauchen: „Geben Sie den Gedanken auf, um meine Hand zu werben" — aber entweder dachte sie daran nicht, oder es lag ihr an dieser Form der Aussöhnung zwischen den beiden Herren nichts — kurz, sie schwieg.

In der Ferne hörte man ein dumpfes, murrendes Geräusch, und durch die Bäume strich ein plötzlicher, laut seufzender Wind, der weniger mit sich beschäftigte Leute, als unser Paar, vielleicht auf das Nahen eines Gewitters vorbereitet hätte.

„Fräulein Anna," fuhr der Assessor mit Wärme fort, „warum soll ich den schönen Moment des Alleinseins ungenützt verstreichen lassen! Ich gestehe Ihnen, was Sie längst wissen — ich habe — das heißt, ich meine — nun, Sie werden sich wohl denken können" —

Dem Assessor gieng es, wie sehr vielen redegewandten Leuten im Augenblick der Erklärung an die Auserkorene — er konnte plötzlich nicht von der Stelle mit Worten — ein ganz sonderbares Gefühl schnürte ihm den Hals zusammen, und in der festen Zuversicht, daß seine wunderbare Rede auch so verstanden worden sei, streckte er dem Mädchen mit feuchten Augen beide Hände entgegen und Anna, ohne an der logischen Form der Erklärung zu meistern, legte, ebenfalls nicht ganz ohne Thränen, die ihrigen hinein.

Surrrr — stürzte in diesem Augenblicke der Regen mit furchtbarer Gewalt herunter, und wenn jemals ein Liebespaar im Augenblick der höchsten Glückseligkeit von kaltem Wasser übergossen wurde, so war es dieses.

Thränen — Erklärung — Zweifel an der väterlichen Einwilligung — Glück und Bangen — alles ertrank blitzschnell in dem Gewitterschauer, der, rücksichtslos wie die Natur nun einmal ist, die aufgehende Saat der jungen Liebe mit überreichem Thau bedachte.

Anna nahm sofort den Hut vom Kopfe und knotete ein kleines weißes Spitzentuch um die blonden Haare, was sehr praktisch war und ihr sehr gut stand — zwei wichtige Gründe dafür! — der Assessor bot ihr den Arm, und das Paar jagte, in der praktischen Erfahrung des Satzes, daß vom Erhabenen zum Lächerlichen nur ein Schritt ist, durch den Wald zurück nach der Lagerstelle, wo Jupiter Pluvius die schlafenden Beschützer aus ihren Träumen geweckt und Fränzchen einen willkommenen Vorwand zu lautem Schreien geboten hatte. Krachende Donnerschläge, von grell zuckenden Blitzen begleitet, begannen die Situation wirklich kritisch zu machen!

Rudolf, dessen Muth und Cigarre zugleich erloschen waren, fand sich eiligst beim Vater ein, an den sich die entsetzte Tante Malchen bei jedem neuen Zornausbruch des Wetters mit eisernem Griff klammerte und durch lautes Aufschreien den übrigen immer noch einen Extraschreck bereitete.

Nach wenig Augenblicken erschien auch Paul mit durchnäßtem Habit, und nun gieng die angstvolle Frage von Mund zu Mund: „wo ist Karl?" Ja, wo war Karl?

Der „Liebling" hatte sich mit Paul gezankt, und die feindlichen Brüder sich an einem Kreuzweg getrennt, jeder für sich den Wald nach Abenteuern durchspähend. Paul hatte den Weg zum väterlichen Schutze glücklich wieder gefunden, aber Karl? — Karl war verschwunden, und auf alles Rufen, alle Jodler, Pfiffe und Signale, die von der beunruhigten Familie ausgesendet wurden, antwortete nur das eintönige Rauschen des Regens und das Murren des Gewitters, welches bald abzuziehen, bald näher zu kommen schien.

„Kinder, hier im Walde könnt Ihr nicht bleiben," sagte endlich der bleiche Justizrath, dem die Angst um seinen Karl in alle Glieder fuhr, „geht nach dem Bahnhofgebäude, und ich werde den Jungen suchen — weg kann er doch nicht sein!"

„Herr Justizrath," schrie Tante Malchen angst=
voll auf, „Sie werden uns doch nicht bei dem Wetter
verlassen — und die Kinder alle — ich habe ja
die Verantwortung" —

„Ach was," erwiderte der Justizrath unwirsch
und machte sich los, „ich bin kein Blitzableiter!
Warum haben Sie nicht die Verantwortung für Karl
übernommen? der arme Junge!"

Des Vaters Stimme wurde unklar, und die
ganze Familie kam sich plötzlich raffinirt schändlich
vor, jeder war sich mehr oder weniger bewußt,
daß er hätte aufpassen müssen, und jeder war em=
pört, daß der andere nicht aufgepaßt hatte.

Alle wollten nun zugleich suchen gehen, wurden
aber durch einen Machtspruch des Vaters nach dem
Bahnhofgebäude dirigirt, als das Gewitter abzog.

„Ihr sucht nicht," sagte der Justizrath nach=
drücklich, „das Ende vom Liede wäre, daß ich wie=
der nach Euch allen einzeln den Wald absuchen könnte
— ich habe an e i n e r Angst genug! Malchen, nehmen
Sie Ihre fünf Sinne zusammen und passen Sie
auf Franz auf — Rudolf, führe Anna; Paul, Du
gehst an der anderen Seite mit."

Und der Assessor? der von der Situation und

seinen Gefühlen so ersichtlich zum Beschützer der abziehenden Familie Ersehene? Der Assessor war schon seit einigen Minuten verschwunden, ohne auf Annas ängstliche Blicke anders, als durch ein beruhigendes Lächeln zu antworten.

Er war der Natur der Sache nach nicht in solcher angstvollen Stimmung wie die anderen. Denn wenn er Karl auch als Bruder seiner Zukünftigen achtete und liebte, so war doch die Verwandtschaft noch zu neu, um gewaltsame Empfindungen zu rechtfertigen, und außerdem wußte er, daß unartige Jungen von zehn Jahren erfahrungsmäßig auf Landpartien verloren gehen und sich wiederfinden — vielleicht war er auch mal einer gewesen.

Also er begab sich trotz des besten Spürhundes auf Suche, — gestehen wir es, in nicht ganz uneigennütziger Absicht! Hier war ja die beste Gelegenheit, sich bei dem Familienhaupt angenehm zu machen, sich auf Kosten eines durchnäßten Ueberziehers und verdorbenen Hutes ein unsterbliches Verdienst um das Vaterherz des Angstvollen zu erwerben — und während der arme Justizrath, dessen Fassung nur angesichts der Seinen vorgehalten hatte, umherirrte und um seinen Karl klagte, verfolgte der Assessor planmäßig und mit Gemüthsruhe den Verschwundenen.

Inzwischen brach das Dunkel herein, und der Justizrath trat, todmüde, durchnäßt und in größter Verzweiflung aus dem Walde, an dessen Rande sich, dem väterlichen Verbot zum Trotz, seine händeringende Familie gelagert hatte und sich, um die Annehmlichkeiten des Tages voll zu machen, durchregnen ließ.

„Rudolf," befahl der Vater, der schon zu abgeängstigt war, um zu schelten, „ich kann nicht mehr von der Stelle, laufe schnell nach dem Bahnhof und frage, ob ich ein paar Leute mit Laternen bekommen kann, — wir wollen noch den See hinunter sehn." — Der arme Vater wandte sich bei diesen Worten ab und fuhr mit dem Tuch über die Stirn.

„Der alberne Assessor hätte auch auf den Jungen achtgeben können," fuhr er dann heraus, um seinen überwältigenden Empfindungen auf irgend eine Art Luft zu machen, „statt hier Süßholz zu raspeln."

Anna wagte kein Wort zur Vertheidigung des Abwesenden — sie machte sich innerlich die heftigsten Vorwürfe über die Vernachlässigung ihrer schwesterlichen Pflichten und hatte das Gefühl, als wenn sie in ihrem selbstsüchtigen Glück das allgemeine Elend heraufbeschworen hätte.

Tante Malchen lehnte, von ihrer Verantwortlichkeit fast platt gedrückt, an einem Baumstamm und rang stumm die Hände — glücklicherweise stumm! — warum hatte sie auch dies „eine Mal" nach Tische schlafen müssen.

Die Kinder kauerten ängstlich und still zusammen, der Vater war wieder aufgestanden, gieng in der Dunkelheit auf und ab und trat alle Augenblicke auf jemand von den Seinigen, was in der Aufregung aber als Tribut des Moments hingenommen wurde.

„Da kommt Rudolf mit der Laterne," unterbrach Paul das unbehagliche Schweigen, und in dem Augenblicke, wo der Schein des Lichtes auf die kleine betrübte Gruppe fiel, ertönte aus dem Walde ein lautes „Hurra!" und eine triefende Gestalt — der Assessor — brach aus den Bäumen hervor und legte mit einem kurz hervorgestoßenen „da!", zu dem der letzte Rest seines Athems verausgabt wurde, ein ebenfalls triefendes, schluchzendes, dickes Bündel in die Arme des Justizraths, der mit wortloser Freude seinen Karl erkannte!

Selbstverständlich sprachen in den ersten fünf Minuten alle zugleich, um zu sagen, was sie gethan hätten, was sie eben hätten thun wollen — was sie gedacht hätten, und was sie jetzt dächten! Als aber durch den Vater eine gewisse Geschäftsordnung in die Verhandlungen gebracht war, nahm der glückliche Finder das Wort und erzählte, daß er den vielgesuchten Karl schlafend am Ufer des See's gefunden habe, wo er mit dem vernünftigen Vorsatz umgegangen war, sich, während die andern ihn jammernd suchten, durch ein improvisirtes Bad zu stärken. Da war das Gewitter gekommen, er hatte sich gefürchtet, den Weg nicht zurück gefunden und sich in den Schlaf geweint.

Bei dem Vater, der seinen Jungen noch immer glückselig an sich drückte, machten sich bei dieser Erklärung die widerstreitenden Empfindungen darin Luft, daß er unter Freudenthränen sein wiedergefundenes Kleinod zu prügeln begann, da ihm, wie er mit Recht wuthbebend sagte, eine solche bodenlose Dummheit denn doch noch nicht vorgekommen sei! Karl wurde auf diese Weise in wenig angenehmer, aber pädagogisch segensreicher Art aus den Himmeln seiner Wichtigkeit gerissen, und der Vater hätte die Erziehung vielleicht noch länger auf diesem nicht ungewöhnlichen Wege fortgesetzt, aber es fiel ihm ein, daß er dem Assessor ja noch seinen Dank schuldig wäre, den er in so herzlicher Weise, dem jungen Mann einmal übers andere die Hände schüttelnd, aussprach, daß der Assessor mit Recht darauf zu hoffen begann, der begehrte Finderlohn, in Gestalt von Annas Hand, werde ihm bei passender Gelegenheit nicht versagt werden!

Dem Justizrath mochte etwas ähnliches dämmern, als er mit seiner müden, nassen, verweinten, aufgeregten Gesellschaft, deren Sonntagskleider sämmtlich verdorben waren, im Wagen saß und nach Berlin zurückdampfte. Jedenfalls rechnete er im Geist zu den Unkosten der Landpartie bereits Annas Ausstattung, und wenn er die innere und äußere Erfahrung des Tages überdachte, beneidete er seine Frau von ganzem Herzen, die in der kühlen Wohnung zu Hause still mit Lenchen gesessen, ein warmes Mittagsbrot und trockene Sachen gehabt und behalten hatte.

\* \* \*

Eigentlich sehe ich nicht ein, warum jede Geschichte mit einer Verlobung schließen soll, — besonders diese, die ja nur von einer Landpartie zu handeln bestimmt war!

Ich will also nur erzählen, daß bei Justizraths alle Mitglieder der Familie vierzehn Tage lang an Husten und Schnupfen litten, daß Tante Malchen es töbtlich übelgenommen hatte, auf Karl nicht genügend acht gegeben zu haben, „was sie dem Justizrath angemerkt," — daß Karl vom Tage der Partie an als verlorener und wiedergefundener Sohn womöglich noch etwas mehr verzogen wurde, — und daß endlich der Justizrath, als er an diesem denkwürdigen Sonntag zur Ruhe gieng und seiner Frau eine kurze und gedrängte Inhaltsübersicht der Tagesereignisse gab, von ihr mit der Frage unterbrochen wurde: „Nun — und der Assessor? Es wäre doch gar nicht so übel, Ludwig, er ist, abgesehen von allem andern, ja eine sehr gute Partie!"

Da winkte der Vater abwehrend mit der Hand und sagte: „Liebes Kind, laß mich wenigstens erst ausschlafen! Mir liegt noch die Landpartie in allen Gliedern, und Du sprichst schon wieder von einer andern Partie!"

Aber es war nicht so schlimm gemeint, und wer einigermaßen Menschenkenner ist, der wird sich denken können, daß der Justizrath dem Lebensretter des „Lieblings" nicht mit „Nein" geantwortet hat, als er in Frack und weißer Halsbinde mit einer bedeutungsvollen Frage vor ihn trat.

So hatte denn der Vater als greifbares Resultat der Landpartie drei neue Sommerhüte und zwei Anzüge zu kaufen, eine Tante auszusöhnen, eine Apothekerrechnung für die erkälteten Kinder zu bezahlen und — eine Tochter zu verheirathen. Ich glaube, so bald macht er keine Landpartie mit allen Kindern wieder — es war doch ein theures Vergnügen.

# Schach der Königin!

Mehrere Monate waren verflossen, seitdem das stattliche Trauergefolge den Sarg der Gräfin Hochstetten zur Familiengruft geleitet hatte, und noch wollte das Leben im Schloß nicht wieder seinen altgewohnten Gang nehmen. Es fehlte allen die kräftige, bisweilen etwas harte Hand der Herrin, die mit so energischem Griff die Zügel führte und das ganze Haus in Munterkeit und Thätigkeit erhalten hatte. Ihr Gemahl war schon längst zu seinen Ahnen versammelt, und vielleicht war es die Nothwendigkeit des Alleindenkens und Alleinherrschens gewesen, welche in der stattlichen Schloßfrau jene Fähigkeiten zu so großer Ausbildung gebracht hatte. Von vielen blühenden, hoffnungsvollen Kindern war ihr ein ein=

ziger Sohn geblieben, den sie nach ihrer Weise über alles liebte, aber eben darum auch ganz nach sich bilden und erziehen wollte.

Das wurde ihr durch des Knaben Beanlagung erschwert. Er war ein durchaus nicht unbegabter Kopf mit ruhigen, vernünftigen Ansichten über das Leben und über seine Mitmenschen, soweit ihm seine Standesvorurtheile nicht hindernd dabei in den Weg traten; auch eine gewisse Thatkraft wohnte ihm inne, die sich aber wunderbarer Weise nur auf bestimmte Beschäftigungen konzentrirte. Die Gräfin durfte überzeugt sein, daß er die Güter, welche sie auf ihn vererbte, nie vernachlässigen, sich aber andererseits auch nie entschließen würde, ihre Lieblingsideen, landwirthschaftliche Verbesserungen und Vergrößerungen der Einnahmen, mit Anstrengung durchzuführen. Er war leidenschaftlicher Jäger, er hatte durch einige Universitätsjahre sich hier und da in den Wissenschaften umgesehen und verstand eben genug von der Landwirthschaft um zu wissen, wenn seine Ernte gut und wenn sie schlecht war. Aber jede wärmere Hingabe an den Beruf, seinen Besitz zu höchster Blüte zu bringen, fehlte dem jungen Erben — wenn auch nur aus Bequemlich=

keit. So lange die rasche, entschlossene Mutter an seiner Seite gewaltet hatte, war er, gleichsam ohne seinen Willen mit fortgerissen, täglich gehorsam mit ihr um die Felder geritten und gefahren, hatte die Runde in den Viehställen von Zeit zu Zeit gemacht und war sehr froh gewesen, wenn der hereinbrechende Abend ihm gestattete, in seinen schönen, großen Zimmern am Kamin zu sitzen und über den Gegenstand zu lesen, der ihm vor allem ans Herz gewachsen war — die Heraldik und die Geschichte des Adels und besonders seines stolzen Geschlechtes, das nun schon seit Jahrhunderten in dem Schlosse thronte und den Bewohnern des nahen Städtchens nicht viel geringer schien, als das Herrscherhaus ihres Staates.

Graf Hugo war kein Mann, bei dem das Bewußtsein seiner Stellung in verletzender Weise hervortrat; sein ruhiges, offenes Gesicht zeigte bei einer unverkennbaren Aehnlichkeit mit der stolzen Bilderreihe im großen Ahnensaal doch nicht den kalt hochmüthigen Ausdruck, der seine Vorfahren fast durchgängig charakterisirte. Der junge Graf ließ jedem sein Recht angedeihen, war seinen Untergebenen ein gütiger Herr, seinen Bekannten ein fröhlicher Genosse und vor allem ein Mann, vor dessen Charakter jedermann den Hut zog. Wenn er das Bewußtsein und die Verpflichtung fühlte, der erste zu sein, so wollte er sich auch im Edelsinn, in der Liebenswürdigkeit und in allen wahrhaft ritterlichen Tugenden von keinem beschämen lassen. In den Augen seiner Mutter genügten aber diese Eigenschaften nicht, um sie gänzlich über das Schicksal des Sohnes zu beruhigen.

Die Gräfin hatte ihren Tod und alle daraus erfolgenden Ereignisse mit derselben Ruhe und Vernunft ins Auge gefaßt, der sie in jeder Lage ein so bedeutendes Uebergewicht über ihre Mitmenschen und besonders über ihren Sohn verdankte. Als sie ihre Lebenskräfte nachlassen fühlte, hatte sie Hugo mitgetheilt, daß sie im Begriff stehe, ihn zu verlassen, und dies ungefähr in derselben Weise gethan, in der sie ihm eine bevorstehende Reise angekündigt hätte. Nachdem sie dem Sohn das Wort abgenommen, alle ihre Wünsche treulich zu erfüllen, bat sie ihn, in keinem Fall allein im Schloß zu bleiben, sondern spätestens ein halbes Jahr nach ihrem Ableben sich entweder zu verheirathen, oder in irgend einer Weise dafür zu sorgen, daß ihm die mütterliche Gesellschaft ersetzt werde. Diesen Ersatz hatte die verständige Dame bereits für ihn ausgesucht. Eine entfernte Cousine, an einen Grafen Wittenfeld verheirathet, der in Armuth und Schulden gestorben war, lebte jetzt am Rhein und zwar, soviel die Gräfin wußte, allein und in ziemlich beschränkter Lage. Sie hatte einen Sohn und eine Tochter, der Sohn war Offizier und die Tochter hatte eine Stiftsstelle angenommen — oder sollte sie annehmen — das wußte die Gräfin nicht mehr genau und schrieb wenige Tage vor ihrem Tode an die Cousine, um sie brieflich nach ihrem Ergehen zu fragen. Aber ein plötzliches Fortschreiten der Krankheit entwand ihren kräftigen Händen die Feder, und es blieb Graf Hugo überlassen, ob er den angefangenen Brief seiner Mutter beenden und Tante Adele auf unbestimmte Zeit zu sich einladen wolle.

Nachdem die ersten Monate des Schmerzes und der Trauer vorüber waren, schwankte der Graf nicht lange. Er fühlte sich so vereinsamt in seinem prächtigen Schlosse, er entbehrte schmerzlich die Abendstunden, die ihm mit seiner Mutter beim „Domino" oder „Mühlspiel" so schnell vergangen

waren — und vor allem — man fragte ihn so
viel um Rath, man behelligte ihn mit Kleinigkeiten,
er sollte Anordnungen im Hauswesen seine Zu=
stimmung ertheilen, über Mißbräuche schelten. Alles
das trug dazu bei, ihn zum Entschluß zu drängen.
An einem Abend, wo gerade wieder viel solche
Quälereien an ihn herantraten, griff er nach Feder
und Papier und schrieb in seiner ruhigen, herzlichen
Weise an die Tante, ihr vorstellend, wie einsam
und ungemüthlich er lebe, und sie bittend, seinem
Hause die fehlende Herrin zu ersetzen. Wenige
Tage nachher kam die Antwort — ein bedingtes Ja
auf Hugos Bitte. Die Tochter, welche man im
Stift geglaubt, hatte diese Stelle nicht erhalten.

„Wenn ich Ella mitbringen darf," schrieb die
Gräfin, „so kann ich in drei Wochen bei Dir sein,
mein theurer Neffe — ich denke, sie wird Dich
nicht stören, sie ist ein liebes, einfaches Mädchen,
ist gewöhnt sich selbst zu beschäftigen und findet
große Freude am Landleben. Ueberhaupt ist sie
— wenn eine Mutter das sagen darf — ganz so
erzogen, wie es ihrer bescheidenen Stellung, zugleich
aber ihrem Namen ziemt."

Hugo hatte über die Zugabe des „lieben, ein=

sachen Mädchens" erst geseufzt, dann aber — was blieb ihm auch für eine Wahl? — zustimmend geantwortet, und seit mehreren Wochen bereits rauschten wieder Schleppen über den Fußboden des Schlosses, und der Schloßherr hatte eine Begleiterin auf seinen Spazierritten und eine Repräsentantin an seinen Tisch gefunden. So gar einfach trat nun freilich die junge Gräfin nicht auf, ihre hohe, königliche Gestalt war auch nicht dazu geschaffen, und dem goldenen Haar hätte eine Krone eher gestanden als ein Stiftshäubchen. Sie nahm auch im Gegensatz zu ihrer Mutter gleich eine sehr bestimmte Stellung ein, durchaus nicht als arme Verwandte, die sich glücklich schätzen mußte, daß ihr das Leben in so großartigen Verhältnissen ermöglicht wurde, nein, sie trat ganz so auf wie daheim, als verwöhnte, launenhafte Schönheit, die das Haus und seine Bewohner regiert — freilich entschädigte sie dafür reichlich durch hin und wieder hervorbrechende bezaubernde Liebenswürdigkeit und durch die Anmuth und Lebendigkeit ihres Geistes, der Hugo in für ihn ganz neuer Weise anregte und fesselte. Daß sie dies völlig unbewußt gethan, konnte man allerdings nicht sagen; der Wunsch,

Sklaven und Bewunderer um sich zu sehen, ihre ganze Umgebung zu zwingen, daß sie sich mit ihr beschäftige und hauptsächlich beschäftige, lag zu tief eingewurzelt in Ella Wittenfelds Natur, und sie gab sich vom Moment ihres Erscheinens an alle Mühe, Hugo in die Bande zu verstricken, denen bisher noch fast keiner ihr gegenüber entronnen war. Der Gedanke an ein greifbares Resultat dieser Empfindungen, die Hoffnung, später einmal dies Schloß als Herrin zu bewohnen, flog nur flüchtig ab und zu durch ihren Sinn, dazu war sie zu sehr Kind des Augenblicks, und nur die Mutter sah mit klopfendem Herzen dem Gange der Dinge zu, überließ sich Abends, wenn die beiden jugendlichen Gestalten am Tisch ihr gegenüber saßen, den schönsten Träumen von einer glänzenden Zukunft des geliebten Kindes und betete nur im Stillen, daß nicht wieder, wie schon so oft, eine unberechenbare Laune des Mädchens im letzten Moment das wieder von sich stoßen möchte, was sie erst mit aller Macht erstrebt hatte.

Eine Zeit lang war Ella in ihrem neuen Spiel vollkommen befriedigt, entzückt von dem Stillleben, das sie umgab; sie machte weite Ausflüge zu Pferde

in der lieblichen Umgegend und kam mit einem
Strauß selbstgepflückter Herbstblumen froh wie ein
Kind nach Hause. Die Mutter versicherte ihr oft:
„Ich kenne Dich nicht wieder; ohne Bälle, ohne
Theater bist Du vergnügter wie je!"

Freilich kamen auch Stunden, wo Ellas lebhafter,
reicher Geist eine leise Ermüdung fühlte, wo sie
Hugos verständige Unterhaltungen gern ein wenig
unverständiger gesehen hätte; diese Stunden nahmen
zu, als die Tage abnahmen, als trübes, kaltes Wetter
die langen Ritte verbot. Der Verkehr mit der Nach=
barschaft war auch erschwert, die Standesgenossen
wohnten weit ab, und im Städtchen Umgang zu suchen,
wäre Ella ziemlich eben so unmöglich erschienen, als
in den Wirthschaftsräumen des Schlosses mit Köchin
und Zofe zu plaudern. Die Stadtbewohner hatten
sich denn auch darein gefunden, man ließ es dabei
bewenden, die Schloßherrschaft zu jedem Konzert,
jedem Ball und jeder Landpartie aufzufordern. Von
zehn solcher Einladungen wurde dann eine ange=
nommen, d. h. der Graf fuhr mit seinen Damen
im Carrière vor, wenn alles längst versammelt
war, die Gräfin und Ella schritten in einer Toilette,
die trotz entschiedener Einfachheit doch jeden Versuch

zur Eleganz bei den andern Damen vollständig niederschmetterte, einmal durch den Saal, sprachen mit kalter Liebenswürdigkeit einige Worte, wo dies erwartet wurde, und bedauerten nach einer halben Stunde unendlich, ein so reizendes Fest wieder verlassen zu müssen. Wenn man sich in dem Kreise, den die gräfliche Familie verschmähte, doch neuerdings unwillkürlich viel mit ihr beschäftigte, so war es wohl hauptsächlich dem Zauber von Ellas unwiderstehlich schöner Erscheinung zuzuschreiben. Fast keiner der jungen Leute auf zehn Meilen in der Runde entgieng dem Geschick, die Comtesse, wenn auch vorübergehend, unglücklich zu lieben, um so entschiedener unglücklich, als es stillschweigend angenommen war, daß die stolze Schönheit ihren Vetter, den Schloßherrn, heirathen und als Burgfrau einst in den Räumen gebieten werde, die sie jetzt als Gast bewohnte. Doch alles dies waren nur Vermuthungen; wie gesagt, der Graf und die Seinigen verstanden es, sich abzuschließen, Neugier, Theilnahme, jede Empfindung, die Menschen aneinander knüpft, blieb ihnen außerhalb ihres Familienkreises fern.

Das sagte sich Ella mit leiser Genugthuung,

als sie nachdenklich vor dem Kaminfeuer im Eß=
zimmer saß und das schöne, blonde Haupt in die
Hand stützte. Wie kam es denn, daß sie plötzlich
den Wunsch empfand, sich ihrer aristokratischen Ab=
geschlossenheit klar bewußt zu werden, die ihr bis=
her als etwas so Selbstverständliches erschienen
war? Das alte Schloß hatte seltsame Dinge er=
lebt in der letzten Zeit. Durch die festen, grauen
Mauern mit den steinernen Wappen und den zahl=
losen Kronen vermochte sonst kaum die Sonne zu
bringen, und jetzt hatte sich plötzlich ein schöner,
lustiger, leichtfertiger Schmetterling Eingang ver=
schafft, flatterte unbeirrt in all der hochgeborenen
Herrlichkeit umher und hatte mit seinen unruhigen,
strahlenden Flügeln sogar das Unbeweglichste in
Bewegung gesetzt, einen raschern Herzschlag bei der
schönen jungen Dame hervorgerufen, die zuerst auf
den bunten Sommervogel aus so verletzend unnah=
barer Höhe herabsah.

Um die Bildersprache aufzugeben — das Schloß
verdankte Graf Hugos Bequemlichkeit wieder einen
neuen Einwohner. Er hatte im Testament seiner
Mutter mehrere Bestimmungen über landwirthschaft=
liche Verbesserungen gefunden, die ihr sehr am

Herzen lagen und zu deren Ausführung ihr keine Zeit mehr geblieben war. Eine dicht an den Park des Grafen grenzende kleine Besitzung war vor Jahren verkauft worden und durch verschiedene Hände gegangen, bis die Gräfin den kleinen Landstrich von seinem letzten Herrn in ziemlich verwildertem Zustande zurückerworben hatte. Ihr Lieblingsplan war es nun gewesen, diese Wiesen, Aecker und Baulichkeiten, die einst mit zu ihrem Familienbesitz gehörten, in denselben blühenden und geordneten Zustand zu versetzen, dessen sich ihre andern Güter erfreuten. Daß zu einer solchen gründlichen Verbesserung aber nicht allein eine lebhafte und angestrengte Thätigkeit, sondern auch ein scharfer und tiefer Ueberblick der Verhältnisse, ein richtiges Eingehen auf die ziemlich verkommene Dorfbewohnerschaft gehörte, war ganz unverkennbar, und Hugo war zu dem ersteren zu bequem und hätte sich zu dem letztern nie entschließen können. Da war es ihm durch eine zufällige Begegnung mit einem Kindheitsgenossen klar geworden, daß er den Mann gefunden habe, der solche Bedingungen erfüllen und ihm zugleich ein angenehmer Hausgenosse sein könne.

Erich Grüter war der Sohn eines Mannes, der einst in der Hochstettenschen Familie als Arzt thätig gewesen und dann im Ausland gestorben war. Erich war sein einziges Kind, ziemlich aufsichtslos herangewachsen, ein schöner, leichtsinniger, genialer Junge, der alles versucht und nichts durchgeführt hatte, der vom Gymnasium zur See, von von den Tropen zum Theater, von der Bühne zum Ackerbauen gekommen war — nun hatte ihn eine Zufallswelle wieder an das flache Ufer zurückgetrieben, dem er einst so leichten Herzens entronnen war, um mit breiter Brust, starkem Arm und unbekümmertem Vagabondensinn im blitzenden Strom des Lebens umherzuschwimmen. Sein letztes oder neuestes Unternehmen war die landwirthschaftliche Thätigkeit; auch darin hatte er sich wieder ausgezeichnet. Graf Hugo hatte über seine Leistungen von zuverlässigster Seite die günstigsten Urtheile vernommen, man durfte nur bei Grüter nie fragen, ob er ausharren werde! Aber Hugo wußte recht gut, daß der Jugendgefährte, so lange ihm eine Beschäftigung neu, mithin anziehend war, darin mehr leistete, als zehn andere, die ihr Leben einem Ziel ruhig zuwendeten, und in seiner echt edel=

männischen Art hatte er ihn gefragt, ob er für die nächste unbeschäftigte Zeit seinen Wohnsitz im Schloß aufschlagen wolle. Damit ihm die Entbehrung der gewohnten Thätigkeit nicht zu schwer falle, solle er dem Grafen in seinen Plänen zur Aufbesserung des kleinen Gutes, von dem vorhin die Rede war, mit seinem genialen Scharfblick zur Hand gehen. Mit gewohnter Leichtigkeit schlug der andere ein, um so eher, als er sich nicht dauernd band, und hielt seinen Einzug in das Thurmzimmer mit dem prächtigen Blicke in dem grünen Wald, hinter dem der Schauplatz seiner Thätigkeit lag. Seinem ersten Erscheinen im Familienkreise war ein kleiner Kampf vorhergegangen, von dem er freilich nichts ahnte. Hugo hatte die schwere Aufgabe gehabt, die Damen dahin zu bringen, daß sie Herrn Grüters bürgerliche Gegenwart in ihren Zimmern duldeten. Die Gräfin sah bei der Erwähnung des neuen Ankömmling ein wenig erstaunt von ihrer Spitzenarbeit auf.

„Soll er mit uns essen?" fragte sie mit emporgezogenen Brauen.

„Gewiß!" sagte Hugo, fest aber freundlich. „Er ist der Sohn unseres einstigen Hausarztes und ein so gebildeter und interessanter Mensch, wie man ihn selten finden wird."

„Er steht aber augenblicklich in Deinem Dienst," erwiderte die Gräfin, „Du würdest auch Deinen Inspektor nicht zu Tisch kommen lassen."

„Ich kann Grüter nicht zumuthen, eine so untergeordnete Stellung einzunehmen, wie ihm dadurch zugewiesen würde, daß wir ihn von unserer Tafel entfernten," versetzte Hugo verstimmt und ergriff ein Zeitungsblatt, um der Fortsetzung dieses Gesprächs zu entgehen. „Uebrigens," fügte er lebhaft bei, „was meint Ella zu der Frage?"

Ella erhob den Kopf.

„Ich? Mir ist es durchaus gleichgiltig, ob einer von Deinen Leuten mit am Tisch sitzt oder nicht. Ueberhaupt finde ich es unbescheiden, wenn wir, die Gäste, Dir, unserm Wirth, etwas vorschreiben wollen."

Hugo zuckte die Achseln, schwieg und vertiefte sich wieder in seine Lektüre. Die Sache war beigelegt und der Mittag, an dem der Besprochene erschien, fiel gegen alles Erwarten aus. Die Damen hatten einen linkischen, unbedeutenden Mann zu finden geglaubt, der durch ihre vornehme Gegen=

wart gänzlich eingeschüchtert, kaum zu bemerken sein würde. Statt dessen verneigte sich bei der Vorstellung mit ungezwungenster Anmuth eine große schlanke Männergestalt vor ihnen, deren blondes Haupt sehr entschieden hoch getragen wurde. Keine Spur von Befangenheit oder selbst Bescheidenheit war in diesen tiefgebräunten, schönen Zügen zu sehen; ein bis zum Uebermuth gleichgiltiger Ausdruck verließ ihn selbst dann nicht, als seine Augen mit kalter, durchaus nicht bewundernder Beobachtung Ellas Gesicht streiften. Er nahm Platz und begann, durch eine Kleinigkeit angeregt, zu plaudern, zu erzählen mit fast fremdartiger Anmuth. Wenn Ella sich auch zwang, ihm scheinbar keine Aufmerksamkeit zu schenken, so horchte sie doch mit seltsamer Spannung auf die glänzenden Bilder, die er vor ihr aufrollte, auf seine ironischen Schilderungen, die zuweilen durch ein übermüthiges Lachen unterbrochen wurden, zu herzlich für den Kreis, in dem es ertönte! Aber er fesselte die Hörer, und jeder bedauerte es, ob zugestanden oder nicht, als er unmittelbar nach Tisch sich empfahl, um sich, wie er sagte, in der Umgegend zu orientiren. Er hatte das Wort nicht ein mal an Ella persönlich gerichtet, sie triumphirte, daß sie ihm die tiefe Kluft zwischen ihnen beiden so deutlich gemacht hatte, und doch verdroß es sie, als sie jetzt zum Fenster trat und ihn auf einem von Hugos Pferden durch den Hof sprengen sah, daß er, obwohl er sie bemerkte, den breitrandigen Strohhut nicht abhob, um sie zu grüßen, sondern in der Ferne verschwand, ohne zurückzuschauen.

„Nun wie gefällt Dir Grüter, Tante?" fragte Hugo indeß im Zimmer, und die Gräfin erwiderte:

„Verzeih, bester Hugo, ich möchte Dich durch kein voreiliges Urtheil kränken, ich würde sagen: ein liebenswürdiger Abenteurer!"

„Und Du, Ella?"

„Ich stimme Mamas Ansicht bei," sagte Ella vom Fenster zurücktretend, „er versteht aber zu reden."

Grüters Erscheinen auf Hochstetten fiel in eine Zeit, die für Ella gefährlich zu nennen war. Sie hatte mit dem ärgsten Feinde ihrer guten Eigenschaften zu kämpfen, mit einer Langweile, die sie zuweilen zu ersticken drohte. Wenn sie einen Tag wie den andern mit ihrer Näharbeit am Fenster saß und auf den Waldweg sah, da seufzte sie manch=

mal aus tiefstem Herzen danach, daß etwas Anderes
diesen Weg heraufkäme, als die wohlbekannte Ge=
stalt des Vetters Hugo mit dem blühenden, ruhigen
Gesicht, das sie schon so auswendig wußte. Und
nun? Es war so gekommen, wie sie gewünscht hatte,
kein Ritter, kein erlösender Prinz für die schöne
Einsame war erschienen, um sie an seiner Hand in
sein Königreich zu führen — der rasche, sichere
Tritt eines Wanderes war erklungen, war näher
gekommen, die Vögel des Waldes hatten einem kecken
Gesellen zugesungen, das einzige frohe Willkommen
für den fremden Mann, und Ella hätte so gern
seine Anwesenheit vergessen, vergessen, daß ein Stück
Menschenleben neben ihr spielte, welches ihrem vor=
nehmen Kreise so fern lag, aber es wollte eben
nicht gehen! Erich Grüter gehörte zu den Menschen,
die ihrer ganzen Art und Weise nach unfähig sind,
sich geräuschlos in das Getriebe einer Haushaltung
einzufügen; noch nicht drei Tage war er da, als
sich bereits das ganze Haus von Hugos sehr vor=
nehmen Kammerdiener bis herab zur Stallmagd
mit ihm beschäftigte und für ihn durchs Feuer ge=
gangen wäre. Die Leute, die unter seiner Leitung
arbeiteten, waren glücklich über seine lustige Art

und Weise, ihnen mit einem Scherzwort seine Befehle zu ertheilen; der Reitknecht staunte über seine tollkühnen Leistungen auf dem Pferde; sein Regiment erstreckte sich bis auf die Hunde, die ihm schwanzwedelnd nachliefen, wenn er über den Hof gieng, eine leichtfertige französische Melodie auf den Lippen, ein freundliches Wort, eine heitere Miene für jedermann, nur nicht für die beiden Damen im Schloß!

In Erich Grüters Natur lag neben allem Zigeunerthum doch ein tief eingewurzelter Stolz, ein Aufbäumen gegen jede hochmüthige Behandlung, und so weit er überhaupt intensiv zu empfinden vermochte, so weit wünschte er sich an der blonden Schönen zu rächen, die ihn zu Anfang so hartnäckig übersehen hatte. Daß sie jetzt, wie jeder und besonders jede, die in seine Nähe kam, seinem Zauber zu erliegen begann, wußte er nicht; er übersah sie eben und das reizte Ella mächtig, die es gewöhnt war, daß kein Mann ihr gegenüberstand, ohne den Kopf oder das Herz zu verlieren. Er sollte keine Ausnahme machen, sie gelobte es sich; mochte er auch tief unter ihr stehen, er sollte nicht von hier scheiden, ohne zu bekennen, daß der Strahl ihrer wunderbaren Augen seinen Panzer durchbrochen und seinem leichtsinnigen Herzen eine Wunde geschlagen hätte. Erich wußte von dieser Absicht nichts, er hielt das Mädchen selbst dazu für zu hochmüthig, und damit war sie in seinem Urtheil abgethan; nur wollte er sie auf irgend eine Art strafen.

Während jeder der beiden dem andern innerlich Schaden zuzufügen wünschte, streifte der eine mit dem Grafen im herbstlichen Regen im Walde umher und vergaß in Jagdlust und Jagdeifer die Kälte in der Luft und die Kälte im Herzen der schönen Stolzen — und die andere saß einsam am Kamin und horchte auf das Rauschen des Regens und horchte auf den rauhen Wind und auf heimkehrende Schritte und vergaß nichts! Sie hatte den Eindringling in das Schloß und in ihre Gedanken heute wieder so recht abweisend und kühl behandelt. Er erzählte ihr bei Tisch ein Reiseerlebniß; wie er dabei lebhaft wurde, seine Augen erzählten mit, sie hatte athemlos zugehört, und als er schloß und sie wie fragend ansah, was sie wohl dazu sagen werde, da hatte sie im gleichgiltigsten Tone als einzige Antwort gebeten, ihr ein Glas Wasser zu geben. Ob er sich da wohl ärgerte, daß er es gewagt, ihre Aufmerksamkeit zu beanspruchen? Er ließ es sich jedenfalls nicht merken und reichte ihr mit seinem höflichsten Gesicht das Verlangte zu — war er denn gefeit gegen jeden Zorn? War er überhaupt gefeit, wie die Dienstleute behaupteten: „Dem hat kein Teufel was an, er zwingt sie alle!" Zwang er wirklich alle mit seinem übermüthigen Gesicht und seinem tollen Lachen?

Die Thür sprang auf, die Gräfin erwachte aus leichtem Schlummer und Ella sah empor. Da standen sie ja, die beiden Jäger, bespritzt, durchfroren und hungrig; sie erhob sich und reichte Hugo die Hand. Was fiel ihr nur ein, daß sie dem blonden, trotzigen Waidmann an der Thür denselben Gruß bot? Der sah sie an, als verstände er nicht, was sie beabsichtige, er strich sich nur mit der Hand das regentriefende Haar aus der Stirn. „Wir müssen uns präsentabel machen," sagte er lachend und wandte sich zum Gehen, doch nicht schnell genug, um nicht zu sehen, wie eine heiße, jähe Röthe über Ellas Gesicht flammte, als sie die verschmähte Hand zurückzog.

„So also stehen die Sachen," dachte Erich, als er in sein Zimmer gieng, „man will doch den verachteten Beamten nicht seines Weges ziehen lassen, ohne ihm zu zeigen, daß man selbst da regieren kann, wo man erst mit Füßen tritt. Oho, meine schöne Ella, wir sind nicht umsonst Komödiant gewesen; wenn man ein kleines Lustspiel aufführen will, ich spiele mit: Gare à la reine!"

Es war ein fast grausamer Zug, der um seinen Mund lag, als er die letzten Worte laut vor sich hin sprach; dann zog er sich um und trat in den Speisesaal, wo für die zwei Heimkehrenden ein Mahl bereitet war. Die Damen, die im andern Zimmer saßen, hatten ihr Abendbrot bereits eingenommen.

"Grüter hatte gar keine Ruhe," sagte Hugo lachend, als sich die Gesellschaft im Kaminzimmer wieder beisammen fand, "ich hätte gern noch ein wenig getafelt, aber er ließ mir keine Zeit mehr; wie wäre es, Ella, wenn Du uns arme Ermüdete durch ein Lied dafür belohntest, daß wir Eure Nähe einem soliden Souper vorziehen?"

Ella zögerte; erwartete sie eine Unterstützung der Bitte von anderer Seite her? Erich sagte kein Wort, er blickte nur auf, mit einem so seltsam sanften Ausdruck in den Augen, daß Ella schnell den Kopf abwandte und zum Flügel schritt. Dieser Blick verwirrte sie, sollte ihr der Sieg so leicht gemacht werden? Durfte sie an diese stumme Bitte glauben oder an die zurückgewiesene Hand? Ganz gleichgiltig war ihr die Frage doch nicht, ihre Stimme bebte leise, als sie zu singen begann. Sie blickte zuerst nicht auf, weil sie fürchtete, den Augen des Mannes zu begegnen, mit dem sie, das sagte sie sich selbst, ein Spiel zu treiben im Begriff stand, das seinen Frieden zerstören konnte. O, Ella hatte ihre Kräfte schon oft siegreich erprobt, und warum sollte es hier nicht gelingen? Wie seltsam würde es sein, diesem übermüthigen Menschen sein spöttisches Lachen verlernen und dafür den Ausdruck eintauschen zu sehen, den sie vorhin an ihm bemerkt hatte! Sie konnte es beinahe wünschen — der Seltsamkeit halber! Ob er jetzt wohl wieder so aussah? Sie blickte auf, aber er hatte sich zu dem großen Jagdhund herabgebeugt, spielte mit ihm und hörte nicht mehr auf ihren Gesang. Sie brach mitten im Liede ab und sah sich nach Hugo um. Er saß zurückgelehnt im Armstuhl und schlief, auch die Gräfin war bei dem leisen Gesange eingenickt. Ungeduldig stand Ella vom Flügel auf.

„Dazu bitten mich die guten Leute nun vorzusingen, kein Mensch hört zu!"

„Sie haben recht, gnädigste Comtesse, kein Mensch hört zu," erwiderte Erich mit ruhigem Ton.

„Sie wollen doch nicht etwa sagen, daß Sie zugehört haben?" fragte sie etwas gereizt, „Ihre Aufmerksamkeit war entschieden mehr Neros neuem Halsbande geweiht. Was finden Sie an dem häßlichen alten Thier?"

„Er flößt mir eine gewisse Sympathie ein," erwiderte er nachlässig, „er ist zugelaufen — ein Vagabund, er wird auch einst wieder fort sein. Keiner weiß woher oder wohin, wir haben Aehnlichkeit, Nero und ich! Und dann, er ist anhänglich an mich, sonderbar, auch nous autres — wir herrenlose Thiere sind für Freundschaft nicht unempfänglich!"

Sie biß sich auf die Lippe.

„Sie sollten nicht so von sich sprechen! Mein Vetter sagt mir, Sie seien unendlich reich begabt nach allen Richtungen hin, warum nennen Sie sich also Vagabund?"

„Sie sind zu gnädig! Wissen Sie denn, daß ich mein Vagabundenthum gar nicht für ein Unglück halte? Nicht jeder ist eben mit einem steinernen Dach über dem Kopf und einem silbernen Löffel in der Hand geboren; aber wenn man durch wilde Schluchten, über steinige Wege laufen muß und sich dann Abends unter die schattige Eiche setzt, die Sterne durch die Zweige scheinen sieht und sein Stück Schwarzbrot hervorzieht — glauben Sie mir, Comtesse, auch das schmeckt gut! Nicht, als wollte ich Ihnen zutrauen, solchen Geschmack zu begreifen, ich wollte Ihnen nur klar machen, daß ich mich nicht herabsetze, wenn ich mein Zigeunernaturell anerkenne, und ich kann so gut verstehen, wie schwer es sein muß, solch einen Gesellen im Schatten der alten Ahnenbilder sitzen zu sehen. Dulden Sie es aber, bitte, auf lange wirds nicht sein, mir geht es hier zu gut, das vertrage ich nicht! Und wenn ich noch ein Weilchen hier mit meinen braven Jungens geschafft, gegraben und gelacht habe, dann pfeift mir mein Herr, der einzige, dem ich folge, der einzige, der mir treu bleibt, wie ich ihm — der Zufall, und dann störe ich nicht mehr durch meine profane Gegenwart. Ich trinke nicht mehr lange aus den Theetassen mit dem schönen Wappen, die hohle Hand ist mir ein natürlicherer Trinkbecher, ich fürchte, ich werde hier solide, und das ist mein Tod! Gute Nacht, gnädigste Comtesse, darf ich bitten, mich bei meinem Gebieter zu entschuldigen, wenn ich sein Erwachen nicht abwarte? Ich muß morgen sehr früh an die Karre!"

---

Seit diesem Abend gestaltete sich der Verkehr zwischen Ella und Erich anders. Hatte Hugo sich in der ersten Zeit beschwert, daß seine Cousine Herrn Grüter entweder in ganz auffallender Weise ignorirte oder ihm das Uebergewicht ihrer Stellung in jedem Augenblick fühlbar machte, so konnte es jetzt wohl geschehen, daß der Graf durch ganze Abende ausschließlich auf die Unterhaltung seiner Tante beschränkt war. Ella saß am Flügel und sang entweder selbst, oder sie begleitete Erichs weiche Tenorstimme, die sie erst kürzlich entdeckt hatte. Musizirten sie nicht, so spielten sie Schach. Ella war eine gelehrige Schülerin und Erich ein Meister in dem Spiel, wie er lachend sagte: „in allen brod= losen Künsten." Am häufigsten aber plauderten die beiden; aus einem allgemein begonnenen Ge= spräch ergriff man irgend einen anziehenden Gegen= stand mit Lebhaftigkeit, ein Feuerwerk schlagender

Bemerkungen, scherzender Streitfragen und angeregten Meinungsaustausches wurde fortwährend unterhalten; meist mußte Ella dem überlegenen Geist des Gegners nachgeben und streckte die Waffen, ein ihr ganz neues Gefühl! Ihre schwache Mutter bewunderte jeden ihrer Aussprüche. Hugo ließ sich auf irgend welche lebhafte Debatte überhaupt nicht ein oder fertigte sie mit einer höflichen Wendung ab: „Die Damen haben immer recht" und dergleichen mehr, so daß sie in Erich seit langer Zeit zum ersten Mal jemanden fand, der die kleinen Pfeile, die sie entsendete, auffieng und mit sicherer Hand zurückwarf, sie meist zum Rückzug zwingend. Und doch verletzte er nicht ihren Hochmuth, denn obwohl er ihr nie schmeichelte, verstand er es, durch einen einzigen Blick seiner tiefen, blauen Augen ihr eine ganz ausreichende stumme Abbitte zu leisten, so daß sie oft kleine Zwistigkeiten herbeiführte, um sich wieder versöhnen zu lassen.

Ellas Mutter war keineswegs ruhig über die neueste Caprice ihres schönen Kindes, sie bemerkte mit Sorge und Zorn, daß sich die Tochter in ein Interesse verstricke, welches ernst zu werden drohte, und sie führte in diesem Sinn eine Unterhaltung mit Ella herbei, welche indirekt auf diese einwirken sollte.

„Weißt Du schon," fragte sie in anscheinend gleichmüthigem Ton, als beide Damen mit der Toilette beschäftigt zusammensaßen, „daß Herr Grüter möglicherweise ganz in unserer Nähe bleiben wird?"

„Wie meinst Du das?" fragte Ella, die aufgelösten blonden Haare zurückstreichend, und blickte die Mutter erwartungsvoll an.

„Unsere Wirthschafterin theilte mir heute im Vertrauen mit, daß er sehr häufig im Hause des neuen Arztes, Doktor Heidloff, verkehre, der bekanntlich eine große Einnahme und eine recht hübsche Tochter besitzt! Um diese Tochter soll sich Herr Grüter ernstlich bewerben, und der Doktor hat, dem on-dit zufolge, schon unter der Hand Anstrengungen gemacht, dem künftigen Schwiegersohn die Oberaufsicht bei den neuen Bauten in der Stadt zu verschaffen."

Ein scharfer Seitenblick belehrte die Gräfin, daß der Pfeil getroffen habe. Ella wechselte die Farbe und erwiderte kein Wort. Der Zufall begünstigte den Plan der Mutter auffallend — als die Damen zu Tisch kamen, fehlte Erich.

„Doktor Heidloff hat mit Frau und Tochter hier Besuch gemacht," sagte Hugo, als die Tante nach dem Abwesenden fragte; „er hat Grüter mitgenommen, der dort zu Tisch bleiben will; er scheint im Hause bekannt. Liebe Tante," fügte der Graf hinzu, ohne auf das blasse Gesicht seiner Cousine zu achten, „wie wäre es, wenn wir eine Ausnahme machten und zu der morgenden Gesellschaft die Doktorsfamilie einlüden? Auch um Grüters willen würde es mir lieb sein, der sich sonst in einem so fremden Kreise leicht deplacirt fühlen könnte."

Die Tante sagte bereitwillig zu und Erich erschien den Abend nicht wieder. Am nächsten Morgen saß Ella im Frühstückszimmer; die Gräfin hatte es ihrer Tochter übertragen, am Kaffeetisch zu präsidiren. Die Herren erschienen meist ein wenig unpünktlich, Hugo war heute ausnahmsweise vor Grüter da, der nicht so regelmäßig von seinen Arbeiten zu kommen pflegte. Ella zog ein paar Mal während des Kaffeebereitens die Uhr hervor, was Hugo nicht entgieng, der sie über seine Zeitung hinweg beobachtete.

Sie war gespannt darauf, Erich wieder zu sehen, nach dem, was ihre Mutter ihr gesagt hatte. Wollte er sich befreien von dem Zauber, den sie mit all ihrer Macht um ihn zu weben bemüht war, so sollte es ihm nicht leicht gemacht werden. Nicht ohne Absicht hatte Ella heute einen besonders reizenden Morgenanzug gewählt. Das krause, goldige Haar hieng, scheinbar absichtslos, tief in die Stirn, nur von einem schwarzen Bande zurückgehalten; weiße, durchsichtige Krausen umgaben die schlanken Hände und den zierlichen Hals; „ganz wie eine altdeutsche Burgfrau", sagte Hugo mit bewunderndem Lächeln.

Sie nickte ihm freundlich zu und fuhr in der Bereitung des Frühstücks fort, während ihre Gedanken hinausflogen über das bereifte Feld, wo jetzt wohl einer stand und seine Leute befehligte, als sei er, trotz des mangelnden Stammbaums, zum Herrschen geboren. Und er sollte eine alltägliche Heirath schließen, sollte durch kleinbürgerliches Leben jenen Hauch der Ungewöhnlichkeit von sich streifen lassen, der ihn so unwiderstehlich machte? Ellas Fuß trat unwillkürlich fest in den weichen Teppich.

„Ich duld' es nicht!" dachte sie leidenschaftlich. Und dabei rief eine Stimme in ihr: „Lasse ihn seine Straße ziehen, du willst doch deinen

Weg nicht mit ihm vereinigen, du bist dazu geschaffen, hier das Schloß zu regieren, das Schloß und den, dem es angehört; überlaß es dem fremden Manne, sich sein Nest zu bauen unter Seinesgleichen!"

Freilich paßte die leichtgeflügelte Lerche anscheinend so wenig zu den wohlgenährten Spatzen der kleinen Stadt, wie zu den Raubvögeln auf stolzer Veste!

Ella kämpfte gegen ihr eigenes Gewissen, es widerstrebte ihr in tiefster Seele, ihn freizulassen — noch nicht — noch nicht! Erst wollte sie ganz gewiß sein, ob er sie wirklich liebte, natürlich ohne je den kühnen Gedanken zu fassen, daß sie von ihrer Höhe zu ihm herabsteigen könnte, aber in jener stummen Anbetung, von der die Rittersagen sprechen, als die Herrin seiner Gedanken, deren Bild es ihm leicht machte, einsam durchs Leben zu gehen, da sie ihm nicht werden konnte. „Denn ich liebe ihn ja nicht," war der stete Refrain ihrer Betrachtungen.

Eben dies dachte sie jetzt wieder, als sie eine Tasse, die sie dem Schloßherrn geschenkt hatte, zu füllen begann, und ein Sonnenstrahl fiel durch das hohe Bogenfenster schräg auf ihre Stirn und verlieh ihr in dieser halben Beleuchtung einen unendlichen Zauber.

In dem Augenblick öffnete sich unhörbar die Thür. Erich erschien in hohen Stulpenstiefeln, den Hut in der Hand, das edle Gesicht geröthet von Morgenfrische und Thätigkeit. Er blieb regungslos stehen und blickte sie an, auch Hugo hatte ihn noch nicht bemerkt. Jetzt sah Ella empor, und die Tasse, die sie hielt, entglitt klirrend ihren Händen und fiel zu Boden. Erich war mit zwei Schritten neben ihr und hob die Scherben auf.

„Vergebung, Comtesse, ich habe Sie erschreckt!"

Der Ton klang sehr sanft, sie hatte das triumphirende Lächeln nicht gesehen, das über seine Züge flog.

„Wie kann ich meinen Fehler gut machen," fuhr er fort. „Die schöne Tasse — was sehe ich! — mit dem Wappen! — nein, ich bin untröstlich, Comtesse, ich verlasse Sie — ich bin unwürdig, hier zu frühstücken!"

„Entschuldigen Sie sich bei mir, Grüter," sagte Hugo jetzt, ohne aufzusehen. „Die Tasse gehört mir, Ella hat sie für mich gemalt."

„So!" — erwiderte Erich langsam, und nach kurzem Schweigen fuhr er fort: „Nun, Graf Hugo, dann nehmen Sie meine Entschuldigung für empfangen an, Sie haben sie ja eben bei der Comtesse gehört."

Der ungenirte Ton fiel Hugo heute zum ersten Mal auf, er sah plötzlich dem hochmüthigen Bilde seines Vaters, das ihm zu Häupten hieng, auffallend ähnlich, und diesem Ausdruck entsprach auch der Ton der Antwort.

„Schon gut," erwiderte er nachlässig, „so etwas kann vorkommen!"

Das Blut schoß Erich glühend, verwirrend in den Kopf. Graf Hugo sprach mit ihm wie mit einem Diener, er, der sonst allezeit so freundschaftlich Höfliche! Plötzlich athmete er auf, ihm schien alles klar zu werden, als sein Auge Ella streifte, die, für ihn mitempfindend, mit Zorn und Beschämung kämpfte.

„Eifersüchtig," dachte er und warf den Kopf zurück. „Man war nur so lange guter Freund, als man die plaudernde Maschine blieb! Der Ton von vorhin soll gebüßt werden, mein Herr Graf!"

Die Erregung, die ihn einen Augenblick zu ersticken gedroht hatte, war niedergekämpft; er wendete sich mit seinem liebenswürdigsten Lächeln an Ella, nur gab es Momente, wo ein Menschenkenner gerade in diesem Lächeln einen wilden, unheimlichen Zug bemerkt hätte — so konnten auch die weißen Zähne eines schönen Raubthiers blitzen.

„Also Ihr Kunstwerk habe ich zerstört?" fragte er, „wie leid thut mir das!"

Und er ergriff einen der gemalten Scherben, wie um ihn genauer zu betrachten, und schnell, doch nicht so schnell, daß es Ellas Blick entgangen wäre, ließ er ihn in seiner Tasche verschwinden, dann unbefangen weiter sprechend, als sei nichts geschehen.

Also so weit war es schon mit ihm gekommen, daß er einen elenden Scherben aufbewahrte, weil er von ihr stammte!

Dieser Augenblick entschied über Ellas Geschick. Sie stand an einem Kreuzwege, sie konnte entweder allen falschen Stolz, alle elenden Rücksichten von sich schleudern und sich gestehen, daß sie Erich liebe — vielleicht fehlte bei ihm auch nicht mehr viel daran, daß Ernst aus dem Spiel wurde — oder sie konnte in ihrer Fürstinnenrolle beharren, noch eine Weile mit ihm spielen und — ihn dann wegwerfen, um ihre Stirn mit der Grafenkrone des alten Geschlechts geschmückt zu sehen.

Der Kampf war heftig, aber kurz. Schon wollte sie das Zimmer verlassen, ohne einen Blick auf den Verwegenen, der durch das Verbergen des Scherbens ihr gleichsam ein Geständniß zu machen gewagt hatte, als ihr die Mittheilungen ihrer Mutter einfielen. Sie blieb auf ihrem Platz — nein, das durfte nicht sein! Die kleine Doktorstochter sollte nicht vor ihren Augen den Preis erringen, um den ihr Herz — sie mochte es ableugnen so viel sie wollte — doch einen Augenblick geblutet hatte.

Und sie plauderte weiter mit ihm, so hinreißend, so lieblich in ungewohnter Befangenheit, daß es Erich überkam wie ein wunderlicher Traum; er begann zu zweifeln, er hatte ihr doch vielleicht Unrecht gethan, sie liebte ihn doch vielleicht? Und sie war schön, so schön in diesem Augenblicke wie nie, und Erich fühlte, daß sein Herz durch einige Sekunden wahnsinnig schnell schlug — gare au roi!

Hugo erhob sich jetzt, der finstre Zug war noch nicht aus seinem Gesicht gewichen. Der Stand der Dinge war ihm unbehaglich, und er begab sich in das Zimmer seiner Tante, bei der er Aufklärung und Beruhigung zu finden hoffte. Er war beim längern Zusammenleben mit seiner Cousine zu dem

Resultat gelangt, daß sie besser zu seiner Frau passe, als alle Mädchen, die ihm bisher entgegengetreten, und sobald er diesen Gedanken einmal in seiner etwas langsamen Weise erfaßt hatte, hielt er ihn mit eigensinniger Beharrlichkeit fest, wobei es ihm, nach Lage der Dinge, gar nicht in den Sinn kam, daß die endliche Entscheidung von etwas Anderm als von seinem freien Willen abhängen könnte. Schon seit mehreren Tagen hatte er es unbescheiden gefunden, daß der neue Hausgenosse Ella so viel in Anspruch nahm. Irgend eine ernste Befürchtung hegte er nicht; nach seiner eigenen und seiner Cousine Erziehung lag die Möglichkeit einer Mißheirath seinen Gedanken so fern, daß er dieselbe gar nicht in Betracht zog. Aber die Art und Weise der beiden war ihm unbequem, und in diesem Sinne sprach er sich gegen seine Tante aus, als er bei ihr im Zimmer saß. Die Gräfin gab ihm recht — sie gab stets jedem recht, der ihren Vor= urtheilen huldigte, und fügte bei:

„Der Sache muß ein Ende gemacht werden, denn wenn ich auch Ella kenne und weiß, daß sie sich nur von ihrer Lebhaftigkeit hinreißen läßt, so kann doch der — Herr, mit dem sich ihre Laune jetzt beschäftigt, zu falschen Schlüssen ermuthigt werden. Das wollen wir verhindern um jeden Preis!"

„Du zweifelst nicht daran, liebe Tante," sagte Hugo jetzt in seinem ruhigen Ton, „daß ich nur so spreche, weil ich seit längerer Zeit die Ueberzeugung gewonnen habe, daß ich ohne Ella nicht glücklich werden kann. Auf Deine Zustimmung darf ich doch hoffen?"

Ein wahres Sonnenlächeln erhellte die Züge der Gräfin, und sie faßte mit thränenden Augen die Hand ihres Neffen, indem sie etwas von ihrer Freude über einen so würdigen Gatten für ihr Kind flüsterte.

„So aber," fuhr der junge Mann fort, „bin ich meinem Gefühl nach für beide verantwortlich, für Ella, die ihrem Rufe schaden kann, wenn sie sie sich in so ausschließlicher Weise von einem Manne huldigen läßt, der doch, gerade heraus gesagt, bei mir in Lohn und Brod steht, anderseits aber auch für Grüter, dem ich wirklich zugethan bin, und um den es mir leid thäte, wenn er einer Selbsttäuschung zum Opfer fiele. Willst Du mit Ella darüber sprechen, liebe Tante, so wäre es wohl sehr gut, sage ihr aber von meinen persönlichen Absichten noch nichts, das behalte ich mir vor."

Tante Adele nickte innig und versprach sofort mit Ella zu sprechen.

„Daß es bisher noch nicht geschah, mein theurer Hugo," fügte sie bei, „entsprang aus dem einfachen Grunde, weil mir die ganze Sache zu unwichtig erschien. Nun ich aber Deine Absicht kenne" — — ein neuer mütterlicher Händedruck — „so sei versichert, daß ich Ella nicht nur den Kopf zurecht= setzen werde, sondern auch jedes tête-à-tête der Unbesonnenen mit dem armen jungen Menschen ver= hüten will. Wem ihr Herz im Grunde gehört, mein Hugo, das fühlt eine Mutter am besten!"

Hugo wußte hierauf augenblicklich nichts zu er= widern und entfernte sich. Das Endresultat der Zusammenkunft bestand also darin, daß man so viel als möglich ein Alleinsein zwischen Ella und Erich verhindern wolle. Und während diese Unter= redung stattfand, nahm einer jener kleinen Kobolde, die oft unser Leben beherrschen, Ellas Pferd am Zügel und lenkte es nach dem Nadelgehölz, an dessen Ausgang Erich heute arbeitete.

Der Sturm in seiner Seele, den er so gewalt=

sam bekämpft hatte, war doch tief erschütternd gewesen. Düstere Wetterwolken lagen noch auf der Stirn des Mannes, der wie ein König des Waldes schweigend an der dunklen Tanne lehnte und nur ab und zu ein kurzes, befehlendes Wort zu den Arbeitern hinüber rief, die einen schmalen Graben durch die Wiese führten.

Gerade weil Erich heute zum ersten Mal begonnen hatte, an die Möglichkeit zu glauben, daß Ellas Herz für ihn empfände, hatte es ihn so schwer, so furchtbar schwer verletzt, daß Hugo seiner Gereiztheit gegen ihn in ihrer Gegenwart Luft machte, in einem Ton, an den er nicht denken durfte, ohne daß seine Zähne aufeinander knirschten und seine Hand sich unbewußt ballte. Sie hatte freilich erschreckt, betrübt dazu ausgesehen — ach, Thorheit! Und wenn sie ihn liebte, ihn wirklich liebte, was dann?

„Und sie liebt mich auch gar nicht," dachte Erich und blickte zu Boden, „sie bildet es sich im Augenblick ein und es ist auch am besten so! Was sollte ich wohl mit einer Frau anfangen, und noch dazu mit einer so verwöhnten Frau, ohne die Mittel, sie weiter zu verwöhnen? Nein, das ist Wahnsinn, ich werde sie auch vergessen, habe ich nicht schon andere Dinge vergessen?"

Rasches Pferdegetrappel weckte den Träumenden, ein munterer Rappe kam über die Wiese in zierlichen, tänzelnden Schritten, mit seinem eigenen Schatten spielend, regiert von der weißen Hand der blonden Aristokratin, die eben in der Phantasie des „Abenteurers" eine Rolle gespielt hatte. Ella sah zu Pferde ganz besonders reizend aus; ihre biegsame, schlanke Gestalt voll Sicherheit und Anmuth, das goldene Haar unter dem schattenden Federhut, wie eine Märchenprinzessin, die in ihr Reich Einzug hält, so kam sie auf Erich zu, die großen, leuchtenden Augen voll freudigen Erkennens auf ihn geheftet. Sie war noch wenige Schritte von ihm entfernt, als er plötzlich die Arme wie in heftiger Abwehr erhob und ihr winkte anzuhalten. Sie schien ihn nicht zu verstehen und kam verwundert näher.

„Der Graben, der Graben, nehmen Sie sich in Acht!" rief Erich jetzt mit lauter Stimme, aber zu spät, das Pferd hatte einen Fehltritt gethan, brach zusammen und stürzte, und Ella hatte gerade noch Zeit, seitwärts hinabzugleiten; die Schleppe ihres Reitkleides war unter dem hülflos daliegenden Thier festgeklemmt. Erich war schon an ihrer Seite, einige der Arbeiter halfen dem Pferde auf, welches nicht beschädigt, nur sehr erschreckt, zitternd und schnaubend dastand und sich durch alles schmeichelnde Zureden nicht beruhigen ließ. Ella sah endlich die Unmöglichkeit ein, das Thier wieder zu besteigen, sie fühlte doch auch, daß der Schreck sie angegriffen habe, und bat Erich nur, einen seiner Leute zu beordern, daß er das Pferd heimführe. Erich gab seine Anordnungen und kehrte dann zu ihr zurück.

„Ein wenig blaß sind Sie doch, Comtesse," sagte er in besorgtem Tone.

„Und Sie nicht minder," erwiderte sie lächelnd und sah zu ihm auf. Aber schnell wendete sie sich ab, sein trauriger Blick verwirrte sie; wurde es Ernst? Und er sollte eine andere lieben? — unmöglich! Ein Gedanke schoß ihr durch den Kopf; hier war ja die beste Gelegenheit ihn auszuforschen, zu erkunden, ob er an die kleine Plebejerin dächte!

„Ich will nach Hause gehen," sagte sie schnell; „zu Fuß ist der Weg doch lang, ich komme sonst zu spät heim!"

„Wenn Sie den Waldweg einschlügen" — sein Ton klang zögernd — „ich könnte, falls Sie es erlaubten, Sie bis an den Ausgang bringen, dann sind Sie schnell im Schloß."

„Das wäre sehr gütig," erwiderte Ella, „wenn es Sie nicht in Ihrer Arbeit hindert!"

„Ich bewundere aufrichtig Ihr lebhaftes Interesse dafür, daß den Anordnungen Ihres Herrn Vetters auch rechtzeitig Folge geleistet wird. Seien Sie versichert, daß ich meine Pflichten in seinem Dienst heut am allerwenigsten versäume, wo ich so deutlich an meine Stellung erinnert worden bin."

„Sie verletzen mich," sagte Ella leise, „und Sie sind ungerecht! Sie sahen, Sie müssen gesehen haben, wie ich selbst schmerzlich empfand, daß man rücksichtslos gegen Sie war!"

„Das dürfen Sie aber nicht, Comtesse, Sie müssen zur Partei der Herrschaft stehen; wenn ich auch nicht verlangen will, daß Sie die Hunde mit hetzen, so dürfen Sie sie doch auch nicht zurückhalten, wenn sie einen Mißliebigen auf höhern Befehl anfallen. Was würde Graf Hugo sagen, wenn er wüßte, daß wir hier über sein Benehmen sprechen, — sein Zorn wäre Ihnen gewiß!"

„Mein Vetter hat vorläufig noch nichts über mein Thun und Lassen zu bestimmen."

„Vorläufig!" wiederholte Erich mit bitterer Betonung. „Wäre es aber nicht besser, Sie gewöhnten sich „vorläufig" schon in seine Ansichten hinein, die Ihnen ja doch die natürlichsten sind?"

„Sie sprechen das wie einen Tadel aus, Herr Grüter, das thut mir leid — um Ihretwillen und um meines Vetters willen. Hugo hat Sie sehr lieb, Sie verstanden in ihm auch stets das zu schätzen, was jeder an ihm schätzen muß, sein braves Herz, seinen ehrlichen Sinn. Er hat sich Ihnen, wie Sie selbst sagten, in vielen Lebenslagen als hülfreicher Freund erwiesen, soll das alles vergessen sein um einer einzigen unüberlegten Härte willen, zu der ihn" — Ella erröthete tief — „ein verzeihliches Gefühl hinriß?"

„Nein, Comtesse, das soll es nicht! Ich habe Graf Hugo lieb; ich will nicht ableugnen, daß ich ihn gestern lieber hatte als heute, aber ich werde nie bei kühlem Blute vergessen, was er mir war! Diesen Morgen wurde ich zornig, mein Gott, man ist ja doch ein Mensch — und das sind eben andere auch. Aber Graf Hugo verdient es nicht um mich, daß ich schlecht von ihm spreche; ich erzähle Ihnen das wohl ein anderes Mal, Comtesse, nun seien Sie auch beruhigt darüber, daß ich Ihren Vetter ungerecht beurtheile!"

Sie waren indeß tiefer in den Wald geschritten und Ella blieb von der warmen Spätherbstsonne beschienen tief aufathmend stehen.

„Wir wollen uns ein wenig ausruhen, Herr Grüter," sagte sie, setzte sich am Fuße einer großen dunklen Fichte nieder und nahm den Hut ab. Die Nadeläste warfen ihren zarten Schatten auf die weiße, schmale Stirn des Mädchens, und der Herbstwind löste einen Streifen ihres blonden Haars, der wie goldene Sommerfäden in der Luft zitterte. Erich stand ihr mit gekreuzten Armen gegenüber, seine Augen hafteten unverwandt auf ihrem Gesicht. Noch vor wenig Wochen hätte sie das empört, heute sanken ihre Blicke verwirrt zu Boden und sie sprach unsicher und hastig:

„Wie seltsam mild die Luft heut ist! Man könnte meinen, der geschiedene Sommer sei noch einmal zurückgekehrt."

„Es ist nicht gut, sich durch anscheinende Wunder täuschen zu lassen," erwiderte Erich ruhig. „Wir sind im Nadelholz, wo es uns grün erscheint. Ich habe aber den Glauben, daß das ursprünglich Kalte kalt bleibt, ob ihm auch ein trügerischer Sonnenschein für einige Minuten Glanz und Wärme verleiht."

„Ich hätte stets gedacht, daß Sie zu den Menschen gehören, die sich Illusionen machen!"

„Nein, Comtesse, dazu hat mich das Leben zu straff in die Zügel genommen! Ich habe immer die rauhe Wirklichkeit gesehen. Aber warum sagen wir die r a u h e Wirklichkeit? Die lustige, kecke, unverzagte Wirklichkeit, die ihre Anhänger lehrt, nicht, wie die Schwärmer und Illusionsmenschen thun, ihre Gefängnißmauern mit dem goldenen Schleier leerer Träume zu umkleiden und dabei ruhig drin zu Grunde zu gehen — nein, die Ketten zu sprengen, sich loszureißen, und sei's mit blutigen Händen und zerrissenen Kleidern; in die Welt zu gehen, zu arbeiten — oder auch nichts zu thun, zu frieren, zu darben — aber zu leben. Wir habens am besten, Comtesse, glauben Sie mir nur! Wir nehmen mit, was das Leben bringt, und das Schöne auf der Welt gehört ja doch uns auch, der klare Himmel da oben, der Tannenduft hier, und der

Anblick eines so schönen Menschenantlitzes, wie das Ihre, Comtesse! Verzeihen Sie mir," fuhr er hastig fort, „ich war unbescheiden!"

Ella, die Triumphgewöhnte, verharrte einige Augenblicke schweigend auf ihrem Platz, dann stand sie plötzlich auf.

„Sie zürnen," fuhr Erich fort, „das sollten Sie nicht! Was habe ich denn gesagt? Nicht mehr, als Ihnen mit Blicken und Worten schon tausend Mal gesagt worden ist! Aber freilich, ich vergaß, wer ich bin!"

„Sie haben mich nicht verletzt," erwiderte Ella mit leise bebender Stimme, „ich schwieg nur — weil ich auf solche Dinge nichts zu antworten weiß. Außerdem," sie stockte einen Augenblick, dann fuhr sie mit wachsendem Muth fort: „wundere ich mich, daß es Ihre Grundsätze erlauben, während Sie im Begriff stehen einen Bund fürs Leben zu schließen, einer — fremden Dame Schmeicheleien zu sagen."

„Meine Grundsätze — fürs Leben" — Erich lachte hell auf. „Verzeihen Sie, Comtesse, daß ich es komisch finde, wenn ich so solide Worte mit mir in Verbindung angewendet höre! Mein Gott, ich bin hier kaum warm geworden, da verlobt man mich! Wer ist denn die Unglückliche, die es auf meinen Besitz — meinen Hund, meine Flinte und zwei Cigarrenspitzen, mit mir wagen soll? Nein," fügte er abwehrend bei, „ich will es nicht wissen, es ist zu lächerlich. — Sie haben es auch nicht geglaubt, Comtesse. Vorläufig gilt mir noch lange der Spruch:

>Ich bin ein leichter Junggesell
>Und wandre durch die Welt,
>Nomadengleich errricht' ich schnell
>Und breche ab mein Zelt."

Während Ella seinen Worten lauschte, schalt sie sich selbst eine Thörin über das Gefühl erleichterter Glückseligkeit, welches ihr Herz erfüllte. Sie hätte ihm so gern noch etwas gesagt, sie fand aber kein Wort, das nicht zu viel ausgesprochen hätte, und sah ihn nur an. Eine Weile schwieg er still, dann stampfte er plötzlich wild mit dem Fuß.

„Sehen Sie mich nicht so an, Comtesse, das ertrag' ich nicht! Sie müssen mir auch nicht zu viel zumuthen — bei Gott, ich weiß nicht, was ich sage! Weßhalb sind Sie seit einiger Zeit so freundlich gegen mich, was denken Sie dabei? Seien Sie ehrlich, ich bitte Sie — wenn ich Ihnen Un=

recht that, ich wills auf den Knieen abbitten — — nein, ich sage doch nichts!"

Ella erhob sich, bleich wie der Tod. Nun stand sie vor dem Augenblick, den sie ersehnt und gefürchtet hatte. Er liebte sie, er war im Begriff es ihr zu gestehen, und doch hatte sie nie wie in diesem Augenblicke, so mächtig er sie in seinem wilden Leidenschaftsausbruch anzog, empfunden, welch tiefe, tiefe Kluft innerer Anschauung und äußerer Form die Gräfin von dem heimatlosen Abenteurer trennte.

Der Wunsch kam plötzlich über sie — „wenn doch Hugo hier wäre!" — der sich stets gleich blieb, der sie nie durch solche heftige Worte und wilde Blicke erschreckt hatte. Sie fürchtete sich vor dem Sturm, den sie heraufbeschworen, und sehnte sich nach dem Schutz der wappengeschmückten Mauern, denen sie thöricht entronnen war, um im herbstlichen Walde mit einem ungezähmten Herzen ihr Spiel zu treiben.

Sie wurde ruhig, sie fühlte plötzlich, daß sie kaum mehr in Gefahr stand, sich zu verrathen, im Gegentheil, nun sie um seine Gefühle wußte, stand sie der Sache schon wieder gegenüber, wie einem interessanten Spiel. Der letzte unüberlegte Zug hatte ihr nicht geschadet, aber sie wollte auch noch nicht endigen, die Grafenkrone blieb ihr ja doch gewiß!

Sie blickte mit ihrem süßesten Lächeln zu ihm auf: „Wessen klagen Sie mich an, Herr Grüter? Ich will Ihnen ehrlich antworten auf jede ehrliche Frage!"

Erich hatte sich inzwischen wieder gefaßt; es geschah nicht oft, daß er seinem ungezügelten Temperament in solcher Weise freien Lauf ließ, er war nur heut schon durch die Scene vom Morgen gereizt.

„Nun denn, Comtesse, ich habe manchmal gedacht — that ich Ihnen Unrecht, so verzeihen Sie mir — Ihre plötzliche, so unvermittelte Güte gegen mich, nach Ihrem verletzend hochmüthigen Wesen in der ersten Zeit, entspringe vielleicht aus dem Wunsch, mich ein wenig blind zu machen, dann ein wenig toll, und schließlich — darüber geht der Winter mit seinen langen Tagen hin — man hat sich die Zeit vertrieben, und was aus der Motte wird, die sich am Licht die Flügel verbrennt, wer fragt darnach? Ist es so, Comtesse?" schloß er tief aufathmend und strich sich das Haar von der Stirn.

Ella nahm die Schleppe ihres Reitkleides über den Arm.

„Es wird kühl, Herr Grüter, ich will heimgehen, wollen Sie mich bis zum Schloß geleiten?"

Mit stummer Verbeugung schritt er neben ihr her; sie sah scheu zu ihm auf, er hatte die Lippen zusammengepreßt und war sehr bleich. Ella blieb plötzlich stehen.

„Sie haben recht und ich unrecht," kam es wie gezwungen von ihren Lippen. „Sie haben mich durchschaut, ich wollte Sie etwas glauben machen, was damals noch nicht — ich meine," fuhr sie erschreckend fort, da er mit einem dunklen Erröthen aufsah — „was nicht wahr ist, aber ich bereue es von Herzen, denn Sie sind der Ehrlichere von uns beiden, — verzeihen Sie mir!"

Sie streckte ihm die Hand hin und er preßte sie stumm an seine Lippen.

„Wir sind am Schloßweg, Comtesse."

Er verneigte sich tief, und Ella gieng verwirrt, traurig, unzufrieden mit sich selbst und allen anderen. Als sie etwas weiter gegangen war, überholte sie ein rascher Schritt. Sie blieb erschreckt stehen.

„Ach, Hugo," rief sie erfreut und erleichtert, „wo kommst Du her?"

„Ich war im Walde," erwiderte er ungewöhnlich kurz und schritt schweigend neben ihr her mit einem so sorgenvollen, ärgerlichen Ausdruck, wie sie nie an ihm bemerkt hatte.

Der Mittag vergieng sehr schweigsam. Erich sah bleich und finster aus, er und Hugo vermieden es, einander anzusehen oder anzureden. Die Tante machte milde, nichtssagende Konversation, auf die keiner eingieng, Ella war aus Verlegenheit heiter und suchte die anderen zum Einstimmen zu bewegen.

Unmittelbar nach Tisch empfahlen sich die Damen, da man für die erwarteten Gäste noch Vorbereitungen zu treffen hatte, und Ella hörte, wie der Graf, als Erich sich entfernen wollte, ihn bat, ihm noch einige Minuten zu schenken. Klopfenden Herzens folgte sie der Mutter. Was würde zwischen den beiden beschlossen werden?

Als die Thür von Hugos Zimmer hinter den Männern zufiel, blieb Erich stumm, eine Hand auf den Tisch gepreßt, stehen und sah zu Boden. Hugo stand ihm gegenüber.

„Wollen Sie sich nicht setzen, Grüter?" fragte er unsicher.

„Wie Sie befehlen," erwiderte Erich und nahm Platz in einem Sessel. Hugo that ein Gleiches. Wieder schwiegen sie einige Minuten, dann sprang Hugo heftig auf.

„Grüter, ich habe mich heute Morgen benommen, wie ein — ich finde kein Wort dafür — wie ein ganz elender Wicht! Sie haben ein Recht, mir zu zürnen — ich war nicht ich selbst — Erich, alter Freund, können Sie mir verzeihen? Ich ertrags nicht länger, Ihr Gesicht mir so gegenüber zu sehen, wir haben uns ja immer vertragen."

Er hielt ihm während dieser ganzen Rede die Hand hin, in seinen gutherzigen Augen schimmerte es feucht, Erich schlug ein. Der Graf schüttelte ihm wortlos, aber sehr gerührt, durch mehrere Augenblicke die Hand, dann zog er ihn neben sich aufs Sopha, bot ihm eine Cigarre und klopfte ihm ein übers andere Mal auf die Schulter, um ihm ohne viel Worte, die seine Sache nicht waren, zu beweisen, wie froh er über eine Versöhnung sei, von der er nicht erwartet hatte, daß sie ihm so leicht gemacht werden würde.

„Hören Sie auf, Graf Hugo," sagte Erich endlich, „wir haben uns versöhnt, damit genug! Ich müßte schon noch andere Dinge thun und ertragen, ehe ich aus Ihrer Schuld käme, das wissen Sie so gut wie ich!"

„Das ist eine Erbärmlichkeit," rief Hugo zornig, „was ich je für Sie thun konnte, haben Sie mir zehnmal wett gemacht, und wir werden uns, so Gott will, noch manchmal ärgern und vertragen — nicht, Kamerad?"

Erich blickte auf.

„Nein, Graf Hugo," sagte er fest; „ich habe Ihnen eine Mittheilung zu machen, die mir sehr schwer fällt! Und Sie müssen nicht glauben — versprechen Sie mirs — daß mein Entschluß mit der dummen Geschichte von heute Morgen in irgend welchem Zusammenhange steht. Aber ich gehe, morgen, vor Tagesanbruch, und Sie dürfen mich nicht halten, Graf Hugo, Sie vor allen Menschen nicht, damit Sie nicht von mir einst sagen können, er war mein Freund, er aß mein Brod und — er ist an mir zum Schurken geworden! Sie wissen, was ich meine; ich bin ein leichtsinniger Mensch, ich habe das Glück oder Unglück, daß man mich nicht in Ruhe und unbeachtet gehen läßt, und es ist für mich und für Sie und, kurz — es ist die höchste Zeit, daß ich gehe. Haben Sie mich nun verstanden, Graf Hugo?"

Der Graf sah stumm zu Boden, sein Stolz war getroffen. Nebenbei fühlte er an dem Schmerz, den ihm der Gedanke, Ella zu verlieren, verursachte, wie er sie liebte; er bewunderte die Ehrlichkeit des Mannes da neben ihm, der mit stolzem Munde auf das Herz verzichtete, das ihm fast zu Füßen lag, und das Endresultat seiner Gedanken war, daß er aufstand und sagte:

"Sie haben recht, Grüter, ich gestehe Ihnen, ich ahnte so etwas, ich sah Ihren Abschied heut im Walde, — gehen Sie! Aber lassen Sie mich für Sie sorgen, lassen Sie mich nicht denken, daß Sie wieder so weit kommen könnten, wie schon einmal. Ich will Ihnen eine Stellung bei meinem Vetter verschaffen, sehr weit von hier, wo es Ihnen an nichts —"

"Halt, halt!" rief Erich und schritt hastig im Zimmer auf und nieder, "kein Wort davon, Graf

Hugo! Ich habe wieder einmal lange genug still gesessen, ich hätte es ohnehin keinen Monat mehr ausgehalten — ich gehe nun wieder auf Abenteuer, lassen Sie mich, Sie ändern mich nicht mehr! Ich will mein Gehalt für das nächste Vierteljahr von Ihnen annehmen, damit komme ich schon ein Stück vorwärts, und dann findet sich wieder etwas. Aber ich verspreche Ihnen, wenn mir das Wasser an der Kehle steht, will ich Ihnen noch Nachricht geben, eh' ich sinke — und nun genug! Heute Abend erscheine ich noch auf eine halbe Stunde und morgen mit den letzten Sternen —"

Er wendete sich ab, drückte dem Grafen die Hand und wollte gehen. An der Thür hielt ihn ein zögernder Ruf, er blieb stehen.

„Wollen Sie — halten Sie es für richtig — von den Damen Abschied zu nehmen?"

„Ich werde es nicht provociren," sagte Erich; „wenn es der Zufall ergibt, haben Sie wohl nichts dagegen. Ich werde nur so sprechen, wie Sie es erwarten können."

Der Abend brachte zahlreiche Gäste. Der Landadel der Nachbarschaft versammelte sich, der Doktor hatte für sich und seine Familie abgelehnt. Ella, im hohen weißen Kleide, eine weiße, vollaufgeblühte Rose im blonden Haar, empfieng alle mit gleichgiltiger Freundlichkeit, ihre Augen spähten nach der Eingangsthür — noch fehlte Erich!

Mit jedem Augenblicke wurde das Mädchen blasser, sie zitterte vor der Unterredung zwischen Hugo und Erich, sie zitterte vor den Folgen der Scene im Walde — und vor ihrem eigenen Herzen! Der Zigeuner, der leichtsinnige, wilde Abenteurer hatte doch und trotz allem, was gegen ihn sprach, mit starker Hand in ihr Leben gegriffen, hatte sie zum ersten Mal gelehrt, daß es Schmerz und daß es Glück gibt, hatte heut in seinem wilden Zorn ihr gezeigt, was sie eigentlich gethan hatte, als sie ihn zum Zeitvertreib müßiger Stunden ersah, und hatte die bittersten Thränen ihres Lebens fließen machen, als sie sich sagen mußte, daß sie um ihres Standes willen sich gewaltsam aus einer Empfindung herausgezwungen, die sie hätte glücklich machen können. Als sie so blaß, ernst und schweigend am Fenster lehnte und in die Nacht hinaus sah, trat Hugo zu ihr.

„Du sollst ein Lied singen, Ella," sagte er und zog ihre Hand durch seinen Arm, „komm!"

Und während er sie zum Flügel geleitete, erblickte sie Erichs hohe Gestalt, die an der Thür lehnte. Eine tiefe Röthe färbte ihr Gesicht, Hugo fühlte, wie ihre Hand zitterte.

„Erich hatte recht," dachte er zornig, „es ist die höchste Zeit! Ella," fügte er halblaut, hinter ihrem Stuhle stehend, bei, während sie einige Takte spielte, „weißt Du, daß Grüter morgen früh von uns fortgeht?"

„Fortgeht?" widerholte sie mechanisch, „auf wie lange?"

„Auf immer," sagte Hugo mit leiser Stimme und verließ sie. Ein dunkler Schleier legte sich vor ihre Augen, ihre Hände zitterten, aber sie sang, ein Lied nach dem andern, nur in dem Gefühl, „jetzt nicht gleichgiltige Worte mit gleichgiltigen Menschen sprechen!"

Endlich stand sie auf, es war spät geworden, man schien ans Aufbrechen zu denken. Da erfaßte Ella eine tödtliche Angst, — wie, wenn er ohne Abschied gienge. Sie durchschritt unter einem Vorwand das Zimmer, und an Erich vorübergehend sagte sie leise: „Ich gehe auf den Balkon im Gartenzimmer."

Er verbeugte sich ernst und ohne ein Wort.

Nach wenigen Minuten standen sich die beiden in der kühlen Nachtluft gegenüber, bleich und stumm. Endlich brach Erich das Schweigen, seine Stimme hatte den hellen Klang wie immer.

„Sie wissen, Comtesse, daß ich wieder einmal fahnenflüchtig werde? Schrecklich, daß man so unzuverlässig ist — aber — was wollen Sie — c'est plus fort que moi! Mein gütiger Patron hat mich frei gelassen, mir bleibt nur noch, Ihnen Lebewohl zu sagen, Ihnen zu danken für alle Güte, die Sie für mich gehabt haben."

Er hielt ihr die Hand hin, sie schien es nicht zu sehen, heiße Thränen tropften aus ihren Augen; sie wandte sich ab, um sie vor ihm zu verbergen. Er fuhr hastig fort:

„Schämen Sie sich dieser Thränen nicht, Comtesse, fürchten Sie auch nicht, daß ich sie falsch deute. Ich weiß, Sie würden solche Thränen auch für den Bettler haben, der von Ihrer Schwelle in die Nacht hinausgejagt wird, — und mich jagt man nicht einmal; ich gehe — weil es mir so gefällt! Glauben Sie mir, ich komme durch die

Welt; und wenn ich nicht weit komme, so grämt sich auch keiner darum. Also — leben Sie wohl!"

Da streckte sie beide Hände nach ihm aus: „Erich — Erich — gehen Sie nicht fort, — verzeihen Sie, — vergessen Sie, — oder wenn Sie fort müssen, dann nehmen Sie mich mit, — ich kann nicht mehr leben ohne Sie!"

Aber er breitete nicht die Arme aus, um sie an sich zu ziehen, trotzdem sein Herz in ihm aufstand wie ein Riese und ihm zurief: „Vergiß alles und nimm die Rose auf, die dir das Schicksal zuwirft." Er kämpfte die Stimme gewaltsam nieder — denn er dachte an den Freund, der ihm vertraut hatte. Alles, was in seiner verwilderten Natur an Großem und Edlem schlummerte, wuchs empor, trieb Zweige und Blüten — er hatte überwunden. Er nahm Ellas Hand ruhig, liebevoll, wie ein verständiger älterer Freund, und zog sie auf die Bank neben sich nieder. Die Sterne flimmerten, der Wind sauste um sie her, und Erich sprach:

„Ich weiß, was Sie zu diesen Worten treibt, Comtesse. Sie fühlen, daß Sie im sieggewöhnten Uebermuth Ihr Spiel mit einem Manne getrieben haben, dem die Welt ohnehin schlecht mitgespielt

hat, und Sie fürchten, Sie haben ihm gar zu weh
gethan. Aber Gott verhüte, daß ich diese groß=
müthige Aufwallung mißbrauche, nicht, als opferte
ich mich auf, denken Sie nur immer, wen Sie vor
sich haben! Unsereins — das habe ich Ihnen schon
oft gesagt, nimmt das Leben nicht so schwer. Wo=
hin sollten wir wohl kommen, wenn wir uns nicht
in jedem Augenblick sagten, daß Güte, Freundlich=
keit, — Liebe, all diese schönen Blumen nicht dazu
geschaffen sind, an den Hut eines fahrenden Mannes
gesteckt zu werden! Wir sehen von unseren Irr=
fahrten aus in die hellen Fenster, an denen solche
Blüten schimmerten, und wenn wir dann weiter
ziehen, so bleibt uns die Erinnerung daran noch
ein Weilchen frisch, aber wir sagen uns immer:
wenn du wiederkommst, — in einem Jahr, in einem
Monat, dann sind diese schönen Dinge für dich
verwelkt oder blühen einem andern — und es ist
am besten so! Bedenken Sie das immer, Comtesse;
und wäre es nicht so, und dürfte ich diese kleine
Hand festhalten und diesem schönen Haupt zumuthen,
sich dem Schnee und Regen auszusetzen, der meine
Stirn peitscht, so würde ich den Einzigen zum Tode
verwunden, der mir vertraut hat — Ihren Vetter,

Comtesse! Sie wissen, daß ich ihm viel verdanke, aber nicht, wie viel. Ich spreche nicht gern von solchen Dingen, aber wenn ich Ihnen eine Geschichte erzählt haben werde, dann werden Sie mir sagen, wie unmöglich es ist, daß ich diesem Mann die Blume raube, die seinen Garten krönen soll! Hören Sie zu: Ich habe Ihnen oft wiederholt, daß ich ein Vagabund bin, Comtesse; aber ich habe auch mein Selbstgefühl, und ich weiß am besten, wie Graf Hugo es verstanden hat, das zu schonen, wo es alle anderen mit Füßen traten. Vor einiger Zeit war ich, wie mir das schon oft begegnet, wieder einmal fertig, aber ganz fertig, nicht nur mit dem Gelde — mit der Gesundheit, mit der Courage, mit allem! Ich saß in meiner Dachkammer, am nächsten Morgen wollte man mich auf die Straße setzen, ich hungerte. Ella," unterbrach er sich und nahm ihre beiden Hände, „warum werden Sie denn so blaß, was thut denn das, es ist ja vorbei. Kurz und gut, ich hörte, Graf Hochstetten sei in der Stadt in dem und dem Hotel. Ich schrieb auf eine Karte nur „Ich hungere." Und als Antwort kam er selbst die steilen Treppen hinauf in meine elende Stube, als wäre es ein Prinzenpalast, und stand vor mir — ich war ein verzweifelt schäbiger Kerl, das können Sie mir glauben! — und gab mir die Hand. „Kamerad," sagte er — aber ich kann Ihnen das nicht erzählen!"

Erich verstummte und barg das Gesicht in den Händen. Nach einer Weile begann er mit etwas unklarer Stimme von neuem:

„Nun sehen Sie, Comtesse, den Mann kann ich nicht betrügen, und Sie werden mir sehr bald selbst dankbar dafür sein, daß ich eine Aufwallung Ihres Herzens nicht benutzte, um Sie an ein Leben zu ketten — das doch einmal ein schlechtes Ende nimmt!"

Ella blickte empor, verzweifelt, angstvoll. Da lächelte er beruhigend:

„Nein, Comtesse, Sie werden sich doch um einen solchen leichtsinnigen Vogel keine Sorgen machen. Glauben Sie mir, es wird mir noch eine ganze Weile gut gehen in der Welt. — Eine Bitte habe ich noch an Sie, Ella, — die Zeit drängt, — versprechen Sie mir, daß Sie Ihren Vetter glücklich machen wollen, so glücklich, wie er es um mich verdient hat, und so glücklich, — wie Sie jemand machen können! Leben Sie wohl, Ella, — vergeben Sie mir, wie ich Ihnen vergebe!"

Und einen kurzen Augenblick preßte er sie an sich, berührte ihre Stirn mit seinen Lippen, sprang mit einem flüchtigen Satz über die steinerne Einfassung der Veranda und verschwand in der nächtlichen Dunkelheit.

Und Ella saß in der kühlen Nachtluft in sich zusammengesunken und starrte vor sich hin. Die stolze Königin, tief, tief von ihrer Höhe gestürzt, verschmäht von einem Manne, der sie nie geliebt hatte — das Spiel war zu Ende — matt!

---

Ein Jahr später bewegte sich ein prächtiger Hochzeitszug in die Kirche von Hochstetten: eine schöne, blonde Braut, ein stolzer, gutherziger Bräutigam; zwei alte Namen wurden durch den Segen der Kirche verbunden. Und derselbe Wind, der den kostbaren Spitzenschleier der ernsten Braut flattern ließ, kühlte die Stirn eines blonden Mannes, der auf dem Deck eines Auswandererschiffes stand und ein lustiges Lied vor sich hinsummte, während die blauen Wogen um ihn rauschten und ihm ein Lebewohl sangen — von der deutschen Heimat!

# Angenehme Gäste.

## I.

Wenn ein Mensch mit einer gewissen Betonung ausruft: „angenehm!" so meint er gewöhnlich: „unangenehm!"

Wer hätte das nicht schon erfahren? Man will eben spazieren gehen, die Familie ist mühsam versammelt — ein Geschäft, welches so lange dauert, daß der Hausvater behauptet, die ruhigste Viertelstunde am Tage sei für ihn diejenige, wo die Seinen eigentlich zum Ausgehen fertig sein sollten. Also endlich ist es so weit — man öffnet die Hausthür, da tritt eine liebenswürdige Verwandte, ein weitschweifiger Freund des Hauses oder sonst ein unabweisbarer Besuch ein, macht ein paar Komplimente, will nicht stören, läßt es sich aber schließlich doch gefallen, daß die ganze Gesellschaft umdreht und mit ihm ins Haus zurückkehrt. Da sagt gewiß einer oder der andere: „Angenehm!" — Man hat einen Gourmand zu Tisch eingeladen. Der Braten ist hart, die Sauce verbrannt — die Hausfrau spielt in ihrer Herzensangst die Unbefangene — ein Verdienst, nicht viel geringer, als das des spartanischen Knaben, der den Fuchs an seinen Eingeweiden nagen fühlte, ohne sich zu verrathen. Der Hausherr tranchirt — große Kraftanstrengung — ein sprechender seelenvoller Blick trifft die Gefährtin seines Lebens — er sagt halblaut vor sich hin: „Angenehm!"

Eine derartige Situation, nur ausgedehnter, nur größer angelegt, hatte jüngst das Haus einer mir lieben Familie zum Schauplatz ihrer dramatischen Entwickelung.

Wenn mein guter Freund, der Bürgermeister Dorn, die Bekannten des Hauses in seinem hübschen Quartier herumführte, verfehlte er nie zu sagen: „Und wie nett, daß wir das Logirstübchen dazu genommen haben, nun kann man doch die Seinigen von außerhalb einmal bei sich sehen."

Wie es so geht — sanguinisch ist und bleibt

mancher Mensch bis ins Greisenalter — der Bürgermeister konnte es nicht lassen, sein Logirstübchen nach allen Richtungen hin, brieflich und mündlich anzupreisen, und in dem frommen Wahn „sie werden ja nicht gleich kommen" an alle guten und schlechten Freunde zu schreiben: „Macht mir nur ja das Vergnügen, unser Gastzimmer bei Eurem nächsten Aufenthalt als Absteigequartier zu benutzen."

\* \* \*

Das letzte „große Aufräumen" vor der Hochzeit der ältesten Tochter hatte im Dornschen Hause sein Ende erreicht. Wasch- und Scheuerfrauen rotteten sich im Hintergrunde der Wohnung zusammen, um wie abziehende Gewitterwolken vor der Sonne der Reinlichkeit zu verschwinden — ein feuchter, kühler Hauch flog durchs ganze Haus, den die schnell entzündete Ofenglut vorläufig noch merklicher machte.

Im Wohnzimmer saß die Hausfrau, ein wenig abgespannt, wie ein Feldherr nach siegreich gelieferter Schlacht wohl sein darf, und gab sich der wohlverdienten Ruhe hin, welche durch die über das Papier fliegende Feder der ältesten Tochter leise und nicht unharmonisch unterbrochen wurde.

„Elisabeth!" rief jetzt die Mutter, aus einem

leichten Schlummer emporfahrend, zu der Schreibenden hinüber. Die Angerufene blickte mit ein paar sehr dunkeln Augen auf.

„Schreibst Du noch an Hans? Ja? Dann sage ihm, daß er keinesfalls eher als am Polterabendtage kommt! Ich habe noch so viel zu thun, daß ich nicht weiß, wo mir der Kopf steht — dann noch ein Brautpaar im Hause — das übersteigt meine Kräfte."

Das junge Mädchen warf schmollend den Kopf zurück. „Ich helfe Dir doch immer, Mama!"

„Ach, das ist dummes Zeug! Wenn Hans hier ist, kommst Du zu nichts, das kenne ich schon! Er wollte ja ohnehin erst nach Erlenhof, um Eure Wohnung noch einmal zu inspiziren, das soll er nur morgen thun — er kann es auf dem Herwege abmachen!"

Elisabeth nickte und schrieb weiter, die Mutter lehnte sich wieder zurück und schloß die Augen, während unruhige Bilder von Hochzeitskuchen, Aussteuer und Bewirthung vor ihrem Geist umhergaukelten.

In diesem Augenblick ließ sich draußen auf dem Flur ein geräuschvolles Stimmengewirr vernehmen,

Thüren wurden auf und zu geschlagen, die Kinder des Hauses kamen aus der Schule „brüllend, die gewohnten Ställe füllend."

„Mein Gott, ist es denn schon so spät," murmelte die Bürgermeisterin und fuhr sich mit der Hand über die Stirn, „Elisabeth — die Kinder kommen! Armes Herzchen — Du mußt Deinen Brief nun liegen lassen!"

„Er ist fertig, Mama," sagte Elisabeth freundlich und schloß das Couvert, „liege Du ganz still in Deiner Ecke — ich will den Kindern ihre Vesper geben."

Sie verließ das Zimmer, und fast gleichzeitig öffnete sich die gegenüberliegende Thür und der Herr des Hauses trat ein, eine stattliche Gestalt mit humoristischem Ausdruck, der momentan allerdings vor einer kleinen Verlegenheit oder — Bestürzung zurücktrat. Er hielt einen Brief in der Hand. —

Seine Frau blickte in die Höhe und wies lächelnd auf einen leeren Platz neben sich auf dem Sopha: „Nun, Franz, bleibst Du ein bißchen hier? Das ist ja gemüthlich!"

Der Bürgermeister schüttelte den Kopf. „Danke, Marie, ich habe keine Zeit, ich wollte Dir nur etwas vorlesen!"

Er sah so bekümmert aus, daß seine Frau erschreckt aufsprang. „Ist etwas vorgefallen?"

„Nein nein," sagte der Hausvater mit einem erzwungenen Lächeln, „es ist gar nichts Schreckliches, was ich ankündigen will — im Gegentheil," setzte er noch immer mit ein wenig forcirter Heiterkeit hinzu, „etwas sehr Angenehmes — Deine Cousine Adelheid kommt zur Hochzeit, liebe Marie." Er warf einen scheuen Seitenblick nach seiner Frau, und da sie nichts erwiderte, faltete er den Brief sorgfältig zusammen und steckte ihn ein.

Die Hausfrau sagte noch immer nichts, und die Grabesstille fieng bereits an, peinlich zu werden. Der Bürgermeister räusperte sich ein paar Mal.

„Nun, Marie?" begann er dann schon etwas gereizt, „so thu mir wenigstens den einzigen Gefallen und sage etwas — ich kann doch nichts dafür!"

Marie hatte sich inzwischen schon gefaßt.

„Nein, nein, Franz, ich war nur überrascht — wie kommt sie denn plötzlich auf den Gedanken?"

„Ja, ich begreife selbst nicht," sagte Franz immer verlegener, „sie schreibt — wo habe ich den Brief? — ach hier!"

„Zeige doch!" bat Marie.

„Nein — es ist nur — ich kann ihn ja auch vorlesen — oder besser — sie schreibt, sie wollte — oder —"

„Nun, stottere doch nicht so herzbrechend," sagte seine Frau schon wieder lachend, „sie kommt, und es ist nicht mehr zu ändern. Zeige, was sie schreibt — nein, wie der Mann sich anstellt, als wenn statt einer sechsundvierzigjährigen eine sechzehnjährige Cousine an ihn geschrieben hätte! Dahinter steckt etwas! Mann!" rief sie, plötzlich aufspringend, und faßte ihn an den Schultern, „gestehe es — ich kenne Dich — Du hast wieder einen Deiner sanguinischen Briefe geschrieben — Du hast sie eingeladen!"

„Ach Thorheit!" sagte der Bürgermeister und machte sich los, „ich habe allerdings, als ich ihren Gratulationsbrief zu Elisabeths Verlobung beantwortete, der sehr herzlich und nett war — nun, war er nicht nett? Du mußt es doch selbst sagen!"

„Papier ist geduldig," warf die Hausfrau ironisch ein.

„Nun ja — aber auf diesen Brief habe ich geantwortet und geschrieben, daß, da wir zur Hochzeit alle zusammen wären — direkt eingeladen habe ich sie nicht — kein Gedanke! — aber ich muß wohl etwas geschrieben haben, was sich so auslegen ließ. Sie ist doch einmal Deine rechte Cousine, mein Kind, und seit dem Tode ihres Mannes nicht bei uns gewesen — man muß Rücksichten nehmen."

„Nun," sagte die Hausfrau, „es ist mir eine wahre Beruhigung, daß das Motiv zu der dunkeln That nicht in ihr zu suchen ist. Mein alter Mann, wann wirst Du denn einmal Deine sanguinische Gastlichkeit lassen? Wen hast Du uns schon alles eingeladen, und wie froh warst Du, wenn ich Dir entweder die Besucher ganz „abbäumte," oder Dir während ihrer Anwesenheit vom Halse hielt! Waren sie dann fort, hast Du noch jedes Mal zu mir gesagt: „Am gemüthlichsten ist es doch, wenn wir ganz unter uns sind." Die Worte lasse ich unter Glas und Rahmen setzen und an Deine Thüre hängen, sowie Adelheid wieder glücklich daheim ist. Uebrigens, wann kommt sie eigentlich? nun? — heraus mit der Sprache — ich bin auf alles gefaßt! —"

Der Bürgermeister schlug verschämt die Augen nieder.

„Morgen!" sagte er, „mit dem Frühzuge um fünfundeinviertel Uhr."

„Himmel!" rief Frau Marie — „weiter nichts!" — warf einen Blick nach der Uhr, die bereits stark auf die siebente Abendstunde zeigte, und verließ das Zimmer. Unmittelbar darauf hörte der Hausherr, der in trübem Sinnen zurückgeblieben war, über sich in der Gaststube ein geräuschvolles Schieben und Rumpeln, Fensterriegel knarrten, und hin= und hereilende Fußtritte ließen sich vernehmen.

Elisabeth, die inzwischen von ihrer Mutter von dem heraufziehenden Ungewitter unterrichtet war, begab sich zum Vater, um ihn, wie sie gewöhnlich that, über seine unbedachten Streiche zu trösten.

Als sie eintrat, gieng der Bürgermeister, die Hände in den Taschen, mit einer tiefen Falte zwischen den Augen, auf und nieder und seufzte alle zwei Minuten, Elisabeth schob ihre Hand unter seinen Arm und wanderte mit.

„Nun, Papa," begann sie in heiterem Tone, „Tante Adelheid kommt? Da wird ja unser Logir= stübchen wieder einmal zu Ehren gelangen!"

Der Vater blickte in die Höhe.

„Mama ist nicht sehr entzückt von der Aussicht?" bemerkte er in gedrücktem Tone.

„Weißt Du," sagte Elisabeth beruhigend, „das

ist nur, weil wir jetzt so viel Unruhe im Hause haben, das macht Mama ein bißchen nervös. Aber laß Dir darüber keine grauen Haare wachsen!"

„Sie sind schon alle grau!" schaltete der Bürgermeister ein.

„Um so mehr!" lachte Elisabeth, „paß auf, die Tante wird am Ende ganz nett sein; als ich sie zum letzten Mal sah, gefiel sie mir sehr gut — nein wirklich!"

„Sie ist auch gar nicht so schlimm," erwiderte der Vater, bereits wieder beruhigt, wie es seine Art war. „Mama hat manchmal so etwas Deprimirendes. Am Ende wird es noch sehr angenehm sein, daß sie kommt, denn praktisch und tüchtig war sie von je zum Exceß."

„Freilich," tröstete Elisabeth, die mit Mühe ein kleines Lächeln über den sanguinischen Papa unterdrückte, „und das ist in dem Hochzeitstrouble von großem Werth! Wann hast Du sie zuletzt gesehen?"

„Sehr lange nicht," erwiderte der Bürgermeister nachsinnend, „warte einmal — zuletzt nach dem Tode ihres Mannes — da war sie natürlich in sehr gedrückter Stimmung — aufrichtig gesagt, kann ich mich so recht genau nicht auf sie besinnen, wir haben nur eine kurze Zeit, bald nach unserer Verheirathung an einem und demselben Orte gelebt. Mama mochte sie nie sehr — aber das kommt bei gleichalterigen Cousinen oft vor und braucht noch kein Beweis gegen eine oder die andere zu sein."

Ganz beruhigt und im Stillen schon wieder beglückt über die erwartete Cousine, legte sich der gastfreundliche Bürgermeister zur Ruhe. Seine Frau gieng noch einmal in Elisabeths Stübchen hinüber. Das junge Mädchen saß am Toilettentisch und hatte ihre langen, dunkeln Haare schon aufgelöst. Die Mutter sah ihr zärtlich in das anmuthige Gesicht und hätte fast ihre kleinen Sorgen über dem Gedanken vergessen, daß sie den Liebling in zwei Tagen schon hergeben sollte. Als aber Elisabeth mit einem freundlichen: "nun, Mama, willst Du mir noch etwas erzählen?" die Mutter neben sich in einen Stuhl zog, erwachte der Gedanke an den nächsten Tag wieder in der Hausfrau.

"Elisabeth, ich mochte den Papa nicht gern aus seiner Selbsttäuschung reißen — aber mir ist es eigentlich über alle Maßen unangenehm, daß er Adelheid eingeladen hat! Der Gedanke verleidet mir die ganze Hochzeit. Ich zittere ordentlich vor ihr!"

„Ich gar nicht," sagte Elisabeth muthig, „und wer weiß, vielleicht hat sie sich zum Vortheil verändert! Außerdem ist Hans so lustig, daß gar kein mürrisches Wesen aufkommen kann. Leg' Dich schlafen, Mutterchen, und vergiß alle Sorgen! Sieh Dir die Kinder noch einmal an — ich war eben drüben, um sie zu bewundern. Sie liegen so niedlich da — Ella wird wirklich reizend."

„Du bist unser Tröster," sagte die Mutter schon beruhigter, „und nun soll ich Dich hergeben."

Bald schlief alles im Hause des Bürgermeisters tief und fest — man war früher als sonst zur Ruhe gegangen, da der Gast, wie gesagt, sein Eintreffen mit dem ersten Zuge, fünfundeinviertel Uhr morgens, angemeldet hatte.

Der besuchsgierige Bürgermeister trommelte bereits um drei alles aus den Federn. Die Köchin, welche zu dieser unerhörten Zeit Kaffee machen sollte, erlaubte sich die Bemerkung: „Na, die Wirthschaft!" was von seiten des überwachten Bürgermeisters eine scharfe Rüge, von seiten der gleichfalls überwachten Köchin eine Kündigung, und von seiten der gleichfalls überwachten Hausfrau Thränen zur Folge hatte. Zum Ueberfluß erstanden die Kinder, erfreut und erregt über die nächtliche Störung — Karl verlangte in fieberhafter Aufregung, sofort angezogen zu werden — Ella wünschte die Gärtnerei ins Bett zum Spielen, und der kleine Rudolf, welcher „aus seiner Ordnung" gekommen war, benützte diesen Vorwand und schrie anderthalb Stunden, als wenn er am Spieß stäke. Elisabeth war auf Wunsch der Mutter nicht geweckt worden, um an den folgenden Festtagen recht frisch und munter zu sein. Der erzürnte Vater theilte blindlings ein paar Schläge und Kraftworte aus, die, wie das Glück, bald des Knaben lockige Unschuld, bald der Köchin kahlen, schuldigen Scheitel trafen — und man konnte es der Hausfrau nicht verdenken, wenn sie als ersten Kommentar zu dem Logirbesuch nur das eine Wort hatte: „Angenehm!"

Es fand sich, daß der Bürgermeister viel zu früh alarmirt hatte, denn es vergieng noch eine gute Stunde, bis er, von den Verwünschungen des ganzen Hauses geleitet, nach dem Bahnhof abzog.

Frau Marie kleidete sich indeß seufzend an. Manchem Menschen ist Frühaufstehen die schwerste aller schweren Pflichten! Ich kenne Leute vom besten Humor, gute, nette Leute, die früh vor zehn

Uhr entsetzlich sind, und für die es genügt, wenn sie zwei Stunden vor ihrer gewohnten Zeit aufstehen, um den ganzen Tag über bei der geringsten Provokation derartig unangenehm zu werden, wie es kaum zu glauben ist, resp. in Thränen auszubrechen. Das ist ein ganz körperlicher Zustand, und er ist für den Betreffenden selber, wie für die Umgebung höchst fatal, besonders wenn ein Frühauf zur Familie gehört, der um fünf Uhr trällert und jodelt und im Sommer zur Betrachtung des himmlischen Morgens oder gar des Sonnenaufganges auffordert.

Unsere Hausfrau gehörte zur ersten Kategorie. Heute waren ihre Nerven schon im höchsten Maße erregt — nach dem anstrengenden Tage von gestern die schlaflose Nacht — schlaflos durch die Voraussicht, mit dem ersten Hahnenschrei gerüttelt zu werden, das sofortige, laute Gezänk in der Küche, die Ungezogenheit der Kinder — alles das hatte ihr die Laune gründlich verdorben, und sie sah dem Besuch der Cousine Adelheid mit gemischten, oder besser, mit ganz ungemischten Empfindungen entgegen.

Der Kaffeetisch wurde inzwischen arrangirt, die Spiritusflamme warf ihre hübschen, bläulichen Lichter über das weiße Tischtuch. Die Kinder waren glücklicherweise wieder eingeschlafen, und jetzt klingelte es draußen. Da kam sie gewiß!

Die Hausfrau erhob sich und erzwang ein gastliches Lächeln. Die Thür gieng auf und hereintrat der Bürgermeister — allein!

„Nun?" fragte seine Frau, was eigentlich sehr begreiflich war.

„Nun?" wiederholte der Angeredete gereizt, „nun? das klingt ja sehr spitz! Nun? wenn man in die Thür tritt, und es ruft einem schon jemand gleich zu: ‚nun?' da hat man genug! Gib mir eine Tasse Kaffee!

Seine Frau that schweigend, wie er geheißen hatte.

Der Bürgermeister rührte in seiner Tasse. „Sie ist nicht gekommen!" stieß er endlich zornig heraus, „wie findest Du das?"

„Wunderbar!" sagte Marie trocken.

Beim Bürgermeister stieg indeß der Grimm immer mehr. Er war nicht nur Sanguiniker, sondern auch Choleriker — immer entweder himmelhoch jauchzend oder zum Tode betrübt, und gieng ihm etwas quer, so war er, wie es im Ekkehard heißt, „ein schwer zu ertragender Kriegsheld."

„Was das für eine unerhörte Rücksichtslosigkeit ist," rief er und schob den Kaffee mit solchem Abscheu von sich, als wenn er Cousine Adelheid in Person vor sich hätte, „einem die ganze Nacht zu verstören und dann einfach nicht zu kommen! Das nehme mir keiner übel — das soll nun ein Vergnügen sein! Aber Marie, verzeih — das liegt gewissermaßen in Deiner Familie — Ihr seid alle unpünktlich! Wenn ich mit Dir in einen Laden gehe und Dich bitte: warte an der nächsten Ecke auf mich, da kann ich mich für gewöhnlich darauf verlassen, daß ich Dich in einer Stunde nicht wieder sehe. Frauen sind darin merkwürdig — sie können nicht ordentlich lesen — sie können keine Uhr aufziehen und nie fertig werden oder zur rechten Zeit kommen."

Es klingelte.

„Das ist sie am Ende noch!" sagte Frau Marie, welche die letzte Rede ihres Mannes nur mit taktmäßigen, kleinen Schlägen des Löffels gegen die Tasse begleitet hatte.

„Eine Depesche!" sagte das Dienstmädchen eintretend.

Der Bürgermeister riß das Couvert auf.

„Zug versäumt, komme **später**," las er mit höhnischer Betonung, „später! was heißt das nun? heißt das in zwei Stunden? oder morgen? oder in vierzehn Tagen? Marie, willst Du nicht die Güte haben und ein Wort sagen? Es ist doch **Deine** Cousine und nicht meine, die uns hier sitzen läßt!"

„Nein," sagte die Hausfrau und stand auf, „nun habe ich genug! Du hast sie eingeladen, ohne mich zu fragen, nun schiebe mir, bitte, nichts in die Schuhe, was aus diesem Besuch resultirt! Ich gehe jetzt zu den Kindern und lege mich noch ein paar Stunden hin — thue, was Du willst!"

Der Bürgermeister blieb in etwas verlegener Stimmung zurück und studirte räsonnirend das Kursbuch, aus dem sich so viel Möglichkeiten ergaben, daß er einsah, er könne in keinem Falle zu jedem dieser Züge auf dem Bahnhof sein, ohne seine Pflichten in gröblicher Weise zu verletzen.

Er wanderte also mißvergnügt zu den Akten, seine Frau schlief ihre Portion nach, und er wagte nicht, sie zu stören. Allmählich fanden sich wieder menschenfreundlichere Gefühle in seiner Brust ein, aber im Grunde entsprach doch seine Stimmung der Berliner Redensart: „Man muß jedes Pläsir mit Aerger anfangen."

Der Abend nahte, oder wenigstens die Dämmerzeit. Das Ehepaar hatte sich längst versöhnt, die kleine Verstimmung des Morgens war im Tageslicht zusammengeschrumpft und verschwunden, wie ein Schatten vor der Sonne. Mann und Frau saßen friedlich beisammen.

Da klingelte es wieder.

„Das wird sie wohl sein!" rief Marie und stand auf, „thu' mir jetzt den Gefallen, Franz, und sage nichts von heut' morgen, sonst fängt der Besuch sofort mit einer Verstimmung an."

„Das sehe ich nicht ein!" sagte Franz, „wenn man mit einander auskommen will, muß man sich gleich die Wahrheit sagen, sonst bleibt ein Rückhalt und das taugt nichts!"

Ehe seine Frau diese biedere, aber unpraktische Anschauung berichtigen konnte, öffnete sich die Thür und eine Dame trat ein. Sie war vermittelst zahlloser Tücher, Plaids und Shawls in ein gestaltloses Bündel verwandelt und erinnerte auf den ersten Blick an jene gestrickten Kaffeewärmer, die früher in manchen Häusern über die Kanne gezogen wurden. Das war Cousine Adelheid. Nachdem sie von der Hausfrau wie eine Zwiebel abgehäutet war, zeigte sich der Kern im Vergleich zu dem ungeheuren Gehäuse als ziemlich dürftig, wenn auch die Länge der Gestalt für deren fehlende Breite entschädigte.

Cousine Adelheid, — übrigens, um sie in aller Form vorzustellen, verwittwete Steuerräthin Busch — sie hatte es möglich gemacht, einen Mann zu bekommen, der zu allgemeinem Erstaunen drei volle Jahre an ihrer Seite aushielt, dann aber eilfertig eine Welt verließ, die ihm das angethan — also Frau Steuerräthin Busch war eine lange hagere Person mit einem bissigen, eingefallenen Munde und schwarzen, vortretenden Augen. War sie bestimmt, eine innere Zierde des Hauses zu werden? Das konnte man noch nicht wissen, äußerlich bestach sie auf den ersten Blick eben nicht!

Das Ehepaar begrüßte den Gast aufs freundlichste.

„Ich mache hoffentlich nicht zu viel Ungelegenheiten," begann Adelheid mit flötender Stimme.

„O durchaus nicht!" sagte Marie und stieß ihren Mann warnend an, was natürlich zur Folge hatte, daß er laut sagte: „Was machst Du denn? Du stößt mich ja!" und dann zu Adelheid gewendet: „aber liebe Cousine, wie kam es denn, daß Du heute den Zug verpaßtest. Ich war selbst im Morgengrauen am Bahnhof, Dich abzuholen" —

„Ach, wie fatal — ach hätte ich doch gehört! meine Schwester Ernestine sagte gleich: Adelheid, geh' ins Hotel! Du wirst Dorns zur Last sein — du machst ihnen Umstände — nein, wie fatal — ach, daß man nicht auf guten Rath hört!"

„Aber Adelheid, Du machst uns gar keine Umstände," beruhigte Marie, „mein Mann hat sich schon herzlich gefreut, daß unser Logirstübchen einmal eingeweiht wird."

„Ja, ja, das sagst Du so — aber ich hätte hören sollen! Wenn man schon gleich mit einem Vorwurf empfangen wird — wißt Ihr was — am Ende hält die Droschke noch! Ich möchte lieber gleich ins Hotel — wenn es schon so anfängt, da merkt man doch zu sehr, daß man im Wege ist — bitte, laßt mich vorbei!"

Es bedurfte stürmischen Flehens von seiten des Bürgermeisters, um den Gast zum Bleiben zu veranlassen. Marie, die im Stillen über die Jammer=

miene ihres Gatten triumphirte, geleitete die Cousine nach der Gaststube.

„Hier, liebe Adelheid — ich denke, es soll Dir die Zeit Deiner Anwesenheit bei uns gefallen."

„Fürchte nur nicht, daß ich zu lange bleibe!" sagte Adelheid, indem sie ihre Haube aus der Haubenschachtel nahm und vor dem Spiegel auf= setzte, „nein, d e r Spiegel! Kann sich da ein Mensch drin sehn? — Ich meine nur, weil Du gleich sagtest: die Zeit deiner Anwesenheit! Ich mache nur die Hochzeit mit, und dann — hui, fliege ich wieder nach Hause. Ernestine sagte gleich: paß auf, Adelheid, es wird dir unbehaglich sein bei andern Leuten! Du mußt es nicht übel nehmen, Mariechen, aber wenn man im eignen Hause wohnt, weißt Du, da ist man zu verwöhnt!"

„Nun, komm nur jetzt Thee trinken," sagte Marie, die im Stillen schon wieder ein paar Mal „angenehm" gedacht hatte. „Wann willst Du aus= packen? Kann ich Dir helfen, oder soll ich Dir das Mädchen schicken?"

„Danke, danke vielmals — ich möchte Euch um alles in der Welt keine Umstände machen — — und dann, ich bin sehr eigen mit meinen

Sachen. Und Marie — verzeih! — ich bin offen — Du bist ja so prächtig — aber **eigen**, so akkurat, wie wir, das bist Du nicht, und warst es nie! So etwas läßt sich nicht geben. Und Deine Mädchen — Du mußt es mir nicht übel nehmen — aber die eine hatte eine nicht gerade verlockende Schürze um, als ich im Vorbeigehen in die Küche sah. Die Küche schwamm übrigens!"

„Es ist Sonnabend!" sagte Marie mit Lammsgeduld, „die Mädchen scheuern."

„Da kam ich wohl recht ungelegen? Aber einzige Kinder, warum nun so etwas nicht offen sagen? Da bin ich anders, das ist in meinen Augen Christenpflicht. — Ist hier geheizt?"

„Gewiß, liebe Adelheid — ich kenne ja Deine Gewohnheiten!"

„Das heißt, Du kennst sie nicht — seit einem halben Jahre schlafe ich nicht mehr im Warmen! Komisch, daß sich das so trifft — da muß gerade hier geheizt sein, nun ich es mir mühsam abgewöhnt habe. Erlaube — ach was gehn Eure Fenster schwer auf — man bricht sich ja die Hände!"

Marie hustete, um eine Bemerkung zu unterdrücken.

„Nun, wenn Du jetzt zum Thee kommen willst" —

„Sofort — ich will nur noch meine Baldriantropfen nehmen, ich bin todt — aber todt von der furchtbaren Reise. Nein, das muß wahr sein, Ihr wohnt hier im verlornen Winkel, Kinder! Ach, mein Medizinlöffel ist entzwei," unterbrach sich der angenehme Logirbesuch, „das kommt davon! Warum bleibt man nicht ruhig zu Hause!"

„Ja — warum?" dachte Marie innerlich.

„In Stücken — das ist eine schöne Geschichte — was fange ich denn nun an?"

„Du nimmst einen von unseren Löffeln," schlug die Hausfrau vor, die ihrem Gast mit der Lampe nach dem Theezimmer vorausschritt.

„Zur Medizin? Einen silbernen Löffel? Mariechen, Mariechen! Und das will seit zwanzig Jahren eine Hausfrau sein! A propos, wo sind denn Deine Kinder?"

„Sie werden sich später präsentiren," erwiderte Frau Marie und rief ihren Mann und Elisabeth, die merkwürdiger Weise von dem Gaste ohne weitere Bemerkung begrüßt wurde. Man setzte sich zu Tisch.

„Nun," begann der Bürgermeister, sich behag=

lich die Hände reibend, „wie gefällt Dir unser Logirstübchen?"

„O — klein aber niedlich," sagte Adelheid, „es liegt wohl nach Norden?"

„Ja!" erwiderte der Wirth verstimmt und schnitt Brot ab.

„Dacht' ich mir! zur Gaststube nimmt man nie das gesündeste Zimmer — ist auch niemand zu verdenken!"

„Morgen mußt Du Dir doch einmal die Stadt ansehen," lenkte Elisabeth ab, die den Vater ängstlich beobachtete.

„Gern, — ich kann mir sie übrigens lebhaft denken — „ein Markt und vier Gassen," wie mein seliger Mann zu sagen pflegte. Aber was die Gewohnheit thut: Ihr fühlt Euch hier wohl ganz behaglich?"

„Bis jetzt — ja!" erwiderte der Bürgermeister bedeutsam und warf seiner Frau einen Blick zu. Diese schüttelte leise und mißbilligend den Kopf.

„Kinder — flüstert nicht und telegraphirt nicht! Alles andre, aber das kann ich nicht aushalten! Sagt mir offen: „Adelheid, Du bist im Wege" — und ich gehe — aber in meiner Gegen=

wart sich Grimassen machen — dafür muß ich danken!"

Bei dieser Krisis erschienen die Kinder, um dem Gast guten Abend und den Eltern gleichzeitig gute Nacht zu sagen. Sie waren sehr energisch gewaschen, was ihren muntern Gesichtchen eine gewisse, frische Scheuerröthe verlieh, und waren, wenn auch keine Schönheiten, doch gesunde, vergnügte und wohlgebildete Kinder, gegen die in den Augen der „durchaus nicht verblendeten" Eltern die medicäische Venus und der Apoll von Belvedere natürlich nur sehr mäßige Profile aufzuweisen hatten.

„Nun, kommt einmal her!" sagte der Vater, „hier — das ist Tante Adelheid — das ist unser Gymnasiast — Karl — und das Ella und dort Rudolf — viel zu zeigen ist an Euch freilich nicht," setzte er mit schlecht verhehltem Stolz hinzu.

„Da hast Du recht!" stimmte Adelheid aus vollem Herzen bei, — zum ersten Mal an diesem Abend! — „aber das Aeußere ist Nebensache! Nun — seht mir nicht so auf die Hände — die Zuckertüte steckt noch im Koffer! Laßt Euch einmal ansehen! Komische Kinder!"

„Warum?" fragte Elisabeth etwas hastig und

glühend roth — in ihrem ehrlichen, jungen Gesicht hatten schon lange Lachlust und Aerger gekämpft — jetzt überwog der Letztere — sie konnte nicht mehr an sich halten.

„Nun — so! Du besinnst Dich noch auf die Großmutter Kurz, Mariechen? Mit der Stulpnase und der dicken, langen Oberlippe — als wenn ich sie da dreimal vor mir sähe! Bei der war die Oberlippe übrigens skrofulös!"

„Bei uns aber nicht!" sagte der Bürgermeister, der bereits vor erstickendem Zorn am Bersten war, „geht jetzt Kinder — marsch zu Bett — Ihr seht ja, daß Ihr keine Gnade vor den Augen der Tante findet!"

„Er ist wohl pikirt?" wandte sich Adelheid höchst überrascht zu Marie. „Himmlisch! so sind doch alle Eltern! Meine Eulchen sind lauter Täubchen, sagte die alte Eule. Aber laßt's Euch nicht anfechten, — häßliche Kinder werden die hübschesten Leute!"

„Elisabeth, bringe die Geschwister in ihr Zimmer und sorge, daß sie bald zu Ruhe kommen — hörst Du, Herzchen?" sagte die Mutter, um der Unterhaltung ein Ende zu machen.

„Ja, ja!" stimmte die Tante bei, „und dann wollen wir endlich ein ruhiges Wort mit einander reden. So" — setzte sie hinzu, als die Kinder hinaus waren, „jetzt kann man doch wieder auf=athmen! Nun laßt Euch mal ordentlich ansehn, Franz und Marie! Ach das Mariechen! Nein, Frauchen, wie siehst Du aus! Tausend, tausend, Du bist in die Breite gegangen!"

„Findest Du?" sagte Marie, etwas gezwungen lächelnd, — ihre schlanke Taille von ehedem war ihre kleine Schwäche.

„Und Du, Franz? Na, immer her an die Lampe, alter Freund! Nein, wie die Zeit vergeht — Franz mit einer kahlen Stelle! Nun, nimm Dirs nicht zu Herzen — wir werden alle älter! Du hast freilich ein bißchen sehr eingepackt, seit ich Dich zuletzt gesehen habe. Wie alt bist Du eigentlich, Franz?"

„Zweiundfünfzig," erwiderte der Bürgermeister ziemlich kurz — „das wird ja immer hübscher!" dachte er bei sich.

„Erlaube, erlaube! Das kann nicht stimmen! Du bist im selben Jahr geboren, wie Fritz Laubner, und der hat schon vor zehn Jahren die silberne

Hochzeit gefeiert und gar nicht so jung geheirathet. Du mußt wenigstens 56 Jahr alt sein, Franz!"

"Soll ich Dir etwa meinen Taufschein holen, mein Kind?" fragte der Hausherr mit erhobener Stimme.

"Nun, nun — nicht gleich empfindlich! Aber Zeitgenossen sind immer gefährlich darin, an denen kann man nachrechnen! Und nun erzählt mir, Kinder, wie ist denn das eigentlich mit Eurem Brautpaar so schnell gekommen? Ich war ja ganz starr, als ich den Brief bekam! Ich sagte: Ja, das sieht Dorns ähnlich — kaum ist das Mädchen aus der Kinderstube, da verheirathen sie sie. Bei dem vielen Nachwuchs gewiß die beste Politik!"

"Elisabeth ist achtzehn Jahr!" bemerkte die Mutter ruhig.

"Du warst älter — aber immerhin jung genug, um tüchtig Lehrgeld zu zahlen. Aber auf das Brautpaar zurückzukommen — wer ist Er denn eigentlich — Hans Berger — Oberförster — das sagt gar nichts — so heißt doch eigentlich jeder Mensch! Man ahnt nicht, woher und wohin!"

"Im allgemeinen ist es nicht Usus, den Lebenslauf des Bräutigams mit in die Anzeigen lithographiren zu lassen," sagte der Bürgermeister mit unheimlicher Ruhe.

Seine Frau begütigte wieder: „Er ist der Sohn des pensionirten Oberförster Berger in Erlenhof und hat jetzt die Oberförsterei dort selbst übernommen."

„Und die Alten leben auch da? Für Elisabeth recht angenehm! Uebrigens — warte mal — Oberförster Berger — trank der nicht so entsetzlich?" —

„Nein — das war leider ein Onkel von unserm Schwiegersohn," gab der Bürgermeister zurück — er kochte innerlich! Doch ehe sein Zorn zum Ausbruch kam, erschien Elisabeth, um zu melden, daß drüben alles bereit sei. Vor ihr nahm sich der Gast wunderbarer Weise ein wenig in acht, — eine gewisse Kampflust in den Augen der schlanken, großen Nichte warnte sie, vorsichtig zu sein.

„Nun, Kinderchen, ich will jetzt mit Eurer gütigen Erlaubniß zur Ruhe gehen," sagte Cousine Adelheid und stand auf, „ich bin müde! Gute Nacht, Franz — arbeite nicht zu viel — davon kommen die grauen Härchen und die Falten an den Augen — an der Stelle fängt das Alter an!"

Mit diesem Abschiedsgruß gieng der Logirbesuch

von bannen. Elisabeth und die Mutter geleiteten sie in ihr Stübchen, wo sie sich anatomisch zu zerlegen begann, um ihr Lager aufzusuchen. „Wie war Deine Reise eigentlich?" fragte Elisabeth indeß.

„Ach, frage mich gar nicht — schauderhaft! Im Damencoupé war es so voll, daß ich nicht hinein mochte, und so gerieth ich in ein Rauchcoupé. Ein naseweiser, junger Mensch fuhr mit bis — na, ich habe das Nest vergessen — der einen abscheulichen Hund mit im Wagen hatte. Ich bemerkte das Geschöpf zu spät, um mit dem Schaffner zu drohen. Und auf der nächsten Station stieg ein Herr mit abermals einem Hunde ein — ich hatte geschlafen und wieder den Moment des Protestirens verpaßt. Die beiden Thiere fiengen an, sich zu beißen, es war ein Höllenskandal! Der Naseweise wollte sich dabei vor Lachen ausschütten! Endlich gerieth der eine von den beiden Bluthunden über meinen Eßkorb — ich schreie — und der Mensch, der Naseweise, reißt mir die Tasche aus der Hand, in der meine Magentropfen sind, und schlägt damit auf den Hund los — die Flaschen in Scherben — die ganze Tasche roch so nach Magentropfen, daß ich sie sofort zum Fenster hinaus warf! Ihr könnt

Euch denken, daß ich dem Patron meine Meinung nicht geschenkt habe! Und als wir uns trennten, sagt der Unverschämte noch: „wenn wir uns jemals wieder sehen sollten, was ich nicht hoffen will, so werde ich Ihnen eine neue Tasche schenken." Und so gieng es fort, von A bis Z. Hier der Gipfelpunkt der reizenden Reise — kein Mensch auf dem Bahnhof, stockdunkel, Schnee, keine Droschke, — kurz, es war allerliebst!"

„Wir wollen hoffen, daß der Schluß der Reise erfreulicher wird, als der Anfang," sagte Frau Marie, „gute Nacht, Adelheid, — schlaf gut!"

Als Mutter und Tochter sich wieder in der Wohnstube befanden und die unglückliche verlegene Miene sahen, mit der das Familienhaupt sie empfieng, begannen beide laut zu lachen.

„Nun, Mann," sagte die Hausfrau alsdann, „wie gefällt Dir der Logirbesuch? Sie ist doch sehr nett, nicht wahr? Was meinst Du, soll ich sie nicht bitten, daß sie ein paar Wochen bei uns bleibt?"

„Alle guten Geister!" rief der Bürgermeister, „das ist ja ein polizeiwidriger Besuch! Auf die habe ich mich so gefreut!"

\* \* \*

Der Tag vor der Hochzeit brach herein. Im Laufe
desselben wurden die Eltern des Bräutigams und
natürlich auch der Bräutigam selbst erwartet.

Der Vormittag festlicher Tage pflegt sich meistens
durch eine etwas nüchterne Stimmung hervorzuthun.
Das Bewußtsein, um sechs Uhr des Abends große
Toilette machen zu müssen, läßt den Morgenanzug
leicht ziemlich oberflächlich behandeln. Der Haus=
herr, seine gewohnte Ordnung vermissend, wird bei
unbedeutenden Veranlassungen feindlich, und die
Kinder betreiben nur e i n Geschäft mit Vorliebe,
allen Leuten vor die Füße zu kommen und im
Wege zu sein. Dieses letztere Moment steigerte sich
am heutigen Tage zu solcher Höhe, daß Frau Marie
schließlich zu dem Ausweg griff, ihren Logirgast
praktisch zu verwerthen. Sie gab die Kinder, welche
in diesen Stunden alle Sünden abbüßten, unmittel=
bar nach Tisch in vorübergehende Obhut der Tante
Adelheid, welche ihnen die Verschen noch einmal
einprägen mußte, mit denen sie heute Abend das
Brautpaar überraschen sollten. Bald entspann sich
zwischen der Tante und ihren „Erziehungssubstraten",
wie Fritz Reuter sagt, ein stiller, aber verzweifelter
Kampf. Die Knaben sollten ihre Gedichte mit

Pantomimen sagen, was sie unmännlich fanden, und die Tante, auf die Durchführung ihrer Pläne erpicht, riegelte die Thür zu und ward mitsammt den Kindern nicht mehr gesehen. Nur einzelne unartikulirte Laute vom dumpfen Murren bis zum richtigen, ausgebildeten Geheul verriethen, daß da drinnen schreckliches vorgehe.

So konnten denn die häuslichen Geschäfte draußen unbehindert ihren Fortgang nehmen und — was die Mutter mit einer sie selbst erschreckenden Anlage zur Intrigue bewerkstelligt hatte, — die neuen Gäste konnten ankommen, ohne sofort von der Cousine Adelheid abgeschreckt zu werden, die doch eine entschieden ungünstige Familienperspektive eröffnete.

Elisabeth war noch in der Küche und Vorrathskammer thätig, als der Bräutigam mit den Seinen anrückte. Er stürmte ohne weiteres an seinen demnächstigen Schwiegereltern vorüber und überließ es den beiden Familien, sich einander zu nähern, ein Prozeß, der gewöhnlich sehr enthusiastisch begonnen wird, mit gegenseitiger, glühender Bewunderung, um im Laufe der Zeit zu den gemäßigteren Gefühlen der Achtung abzukühlen.

Der Bräutigam — Hans Berger, wie wir aus

den Bemerkungen Adelheids wissen — war ein hübscher, frischer junger Mann mit einem Zug harmlosen Uebermuths in seinem sonnengebräunten Gesicht, der aber heute vor dem Ernst der Situation zurücktrat. Die kleidsame Uniform des Forstmanns ließ ihn sehr zum Vortheil erscheinen, und als er jetzt gegen alles Ceremoniell mit einem sehr vergnügten Gesicht in der Küche erschien, mußte er jedermann gefallen, sogar den dienstbaren Geistern des Hauses, die bekanntlich oft am allerschwersten zu befriedigen sind.

Elisabeth stand mit dem Rücken nach der Thür und rührte Teig zu Plätzchen ein — sie hatte ihn nicht kommen hören.

„Meine kleine Hausfrau!" sagte der junge Mann liebevoll — und Elisabeth warf mit einem Freudenschrei ihr Handwerkszeug von sich.

„Hans, so heimlich kommst Du? Das ist schlecht — und da hast Du die Strafe — nun kann ich Dir nicht einmal die Hand geben."

Und sie hielt ihm fröhlich ihre mehlbestäubten Hände entgegen.

„Ist auch gar nicht nöthig," erwiderte Hans lachend, „laß nur jetzt Deinen Kuchen allein fertig werden, — die Eltern sind schon drüben — komm schnell, Elisabeth, ich muß Dir etwas sagen!"

Elisabeth, die sich während seiner Worte wie das Allerleirauh von Mehl und Küchenschürze befreit hatte, folgte ihm in den Flur hinaus.

„Etwas sagen?" wiederholte sie, „ich muß Dir auch etwas sagen, Hans — wer soll anfangen?"

„Losen wir!" schlug der Bräutigam vor „oder besser — sprich Du — ich will schon heut den gut gezogenen Ehemann spielen — es wird wohl auch nichts so besonderes sein!"

„Bitte — erst höre und dann spotte — wenn Du noch Lust dazu hast, heißt das. Hans, wir haben eine Tante hier seit gestern — eine unliebenswürdige!" setzte sie kleinlaut hinzu, da Hans zu lachen anfieng.

„Nun, mein Schatz, da haben wir uns nichts vorzuwerfen — ich habe Euch einen Onkel mitgebracht — und ohne ihm nahe zu treten — ich habe auch schon liebenswürdigere gesehn! Erschrickst Du?"

„Gar nicht!" sagte Elisabeth lachend, „im Gegentheil — mir fällt eine Last vom Herzen — nun sind wir quitt! Wie ist denn der Onkel ungefähr?"

„Sieh selbst!" erwiderte Hans lakonisch, „ich mag Dir die Ueberraschung nicht verderben! Er kommt übrigens erst heute Abend zu den Aufführungen."

„Von denen wir natürlich keine Ahnung haben," sagte Elisabeth, „ich bin wenigstens schon seit Wochen taub und blind, wenn Ella deklamirt: ‚Den Brautkranz, Schwester, bring' ich Dir!'"

Sie waren inzwischen ins Wohnzimmer gelangt, wo die beiden Familien vorläufig noch etwas steif beim Kaffee saßen. Das Erscheinen des Brautpaares machte aber der förmlichen Stimmung ein Ende, bald war man äußerst vergnügt, und alle begannen, das beste Zeichen gegenseitigen Einvernehmens, gleichzeitig zu sprechen. Die beiden Mütter diskutirten die Ausstattung und die künftige Wohnung der jungen Leute, der Bürgermeister und der Oberförster fanden sich in Klagen über hohe Steuern und schlechte Zeiten, und das Brautpaar — war ein Brautpaar, was so viel sagen will, daß sie sich herzlich wenig um die anderen kümmerten, sondern im Nebenzimmer verschwanden und sich viel zu erzählen hatten.

Mitten in dem fröhlichen Lärm öffnete sich die

Thür und Adelheid erschien. Ihre Nase spitzte sich sichtlich beim Anblick der Versammlung. „Alles schon da?" begann sie im Eintreten, „mich hat natürlich niemand avertirt."

„Verzeih, Adelheid!" sagte die Hausfrau aufstehend, „Du hattest die Thür abgeschlossen."

„Nun ja — anders kann man Eurer Kinder nicht Herr werden — die haben eine nette Idee von Gehorsam, das muß ich sagen! — Willst Du mich jetzt bekannt machen?"

„Meine Cousine, Frau Steuerräthin Busch!" stellte Marie mit niedergeschlagenen Augen vor, „hier, liebe Adelheid — Elisabeths Schwiegereltern — Herr und Frau Oberförster Berger. — Wo steckt denn aber das Brautpaar?"

„Freue mich sehr!" sagte Adelheid süß=sauer und ließ sich am Tisch nieder. „Ist noch ein Täßchen Kaffee für mich übrig geblieben? Ach hier — danke sehr. Eiskalt! na, es thut weiter nichts!"

„Ich darf mich wohl auf die andere Seite setzen, Mariechen?" fuhr sie nach einer kleinen Pause fort, „der Qualm von der Cigarre beißt einem ja die Augen aus! Schade um Deine reinen Gardinen!"

Inzwischen war das Brautpaar im Nebenzimmer durch die herrschende Stille aufmerksam geworden. „Ich wette, die Tante ist drin!" flüsterte Elisabeth. „Wir wollen einmal rekognosciren," gab Hans ebenso leise zur Antwort und schob die Portiere vorsichtig auseinander.

Entsetzt prallte er zurück. „Das ist Eure Tante?"

Elisabeth sah ihn verwundert an. „Nun ja — was hast Du denn?"

Hans sah sehr verlegen aus. „Hör einmal, Herzchen, da bin ich in einer ganz abscheulichen Klemme! Wenn ich bei meiner eigenen Hochzeit nicht bringend nöthig wäre, sagte ich: ich lasse mich heute und morgen gar nicht sehen."

„Aber was ist denn?" drängte Elisabeth.

„Weißt Du," sagte Hans halb lächelnd, halb ängstlich, „ich bin mit dieser würdigen und reizenden Altvorderen Eures Hauses gestern gereist — als ich nach Erlenhof abschwenkte, trennten sich unsere Wege und ich habe das Pech gehabt, sie nicht unerheblich zu ärgern — ich gestehe, nicht ganz ohne Absicht!"

„Hans!" rief Elisabeth entsetzt, „hast Du etwa

ihre Magentropfen zerschlagen?" Hans nickte schuldbewußt.

„Ja, da weiß ich auch keinen Rath," sagte Elisabeth niedergeschlagen, „das wird schrecklich werden! Sie war nicht schlecht erzürnt auf Dich, das kann ich Dir sagen!"

„Weißt Du was," begann Hans nach einer Pause, „Ihr müßt so wie so jetzt zu Abend Toilette machen — ich drücke mich schweigend durch den zweiten Ausgang und komme erst wieder, wenn alle schon da sind. Vor versammeltem Publikum kann sie mir doch unmöglich die Augen auskratzen. Dann bringe ich meinen Onkel mit — das wird ein Staat mit den beiden!"

„Ist er ebenso?" fragte Elisabeth mit weit offenen Augen.

„Na —," erwiderte Hans vielsagend. „Aber laß Dichs nicht anfechten, mein lieber Schatz, wenn sie es zu arg machen, sperren wir jeden in einen Käfig und schreiben daran: „Onkel und Tante dürfen weder geneckt, noch gereizt werden!"

Damit gieng der Bräutigam und gerade im rechten Moment, denn die Mutter rief: „Kinder, kommt doch herein — Hans soll sich der Tante präsentiren!"

Elisabeth erschien möglichst unbefangen. „Tante, Du bist hier? Ach, das wird Hans sehr leid thun! Er ist schon fort, er wollte noch ins Hotel, um sich umzuziehen — warum habt Ihr uns denn nicht eher gerufen?" setzte sie vorwurfsvoll hinzu.

Zwei Stunden darauf prangte die große Eßstube bei „Bürgermeisters" im Lichterglanz. Mitten im Zimmer waren zwei majestätisch aussehende rothe Lehnstühle für das Brautpaar aufgestellt, rings herum im Halbkreise der gemeine Sumpf= und Wiesenkorbstuhl für gewöhnliche Sterbliche.

Der erste Lohndiener der Stadt, dessen Mienen je nach den Gelegenheiten, bei denen er verwandt wurde, die feinsten Abschattirungen menschlichen Empfindens, vom tiefsten Ernst bis zur strahlendsten Heiterkeit darboten, kommandirte ein Heer Freiwilliger, welches er ohne Ansehen der Person aus dem Hausstande des Bürgermeisters rekrutirte und welches mit mehr oder weniger Geschick Servietten in kühne und anmuthsvolle Formen bringen und Lichtmanschetten aus Florpapier schneiden mußte. Seine rechte Hand war das ehemalige Faktotum des Bürgermeisters, ein eigentlich schon zur Ruhe gesetzter, alter Kassenbote, der, wie der große, silberne Kuchenkorb, nur bei feierlichen Gelegenheiten in Gebrauch genommen wurde.

Im Schlafzimmer neben der Empfangsstube hauste indeß das darstellende Personal, meist aus den Kindern des Hauses und einigen Freundinnen Elisabeths bestehend, von denen durch mangelnde Verabredung leider z w e i als Jugend kostümirt waren, was einige Verstimmung hervorrief, die der Hausherr dadurch verscheuchte, daß er versicherte, von dem Artikel Jugend könne man nie zu viel haben.

Die Räume füllten sich schon mit Gästen, sämmtliche Honoratioren der Stadt fanden sich nach und nach ein — eine heiter erwartungsvolle Feststimmung schwebte über dem Ganzen.

Elisabeth, in helle, duftige Gewänder gekleidet, war das Ideal einer reizenden, jungen Braut und hatte für jeden ein liebenswürdiges Wort, während ihre Augen mit heimlicher Besorgniß immer wieder die Thür suchten, wo Hans in jedem Augenblick erscheinen mußte, um der Tante als Opfer zu fallen.

Diese — die Tante — im höchsten Staat

prangend, mit einer Haube, die alles Erschaffene verdunkelte, war in ganz erträglicher Stimmung und hielt sich für die Hauptperson, was immer ein angenehmer Zustand ist, ob es mit der Wirklichkeit stimmt oder nicht. Elisabeth blieb angstvoll immer möglichst in ihrer Nähe.

Da war ja Hans — er kam etwas langsam vorwärts — verbeugte sich hier und da mit seinem vergnügten Gesicht und schüttelte einem nach dem andern kräftig die Hand. Jetzt — jetzt — der furchtbare Moment nahte — die Tante sah ihn — und sie erbleichte.

„Elisabeth — wen habt Ihr mir denn da eingeladen? Weißt Du, wer das ist, der da einher steuert? Das ist ja der Grünschnabel, mit dem ich gereist bin! Ihr habt eine nette Sorte Bekannter, das muß ich sagen! Der Monsieur kostet mich eine Ledertasche und zwei Flaschen Magentropfen — der soll mir kommen!"

Das junge Mädchen war wirklich in Herzensangst und wagte Hans nicht anzusehen. Der aber schritt höchst vergnügt und sorglos auf die Dame zu: „Elisabeth, willst Du mich bekannt machen?" und in dem Augenblick entdeckte die Braut, daß der Bräutigam eine sehr elegante Reisetasche am Arm hatte.

Elisabeth mußte wider Willen lachen. „Liebe Tante, erlaube, daß ich Dir — meinen Bräutigam vorstelle!"

Die Tante wurde buchstäblich fast zur Salzsäule. Ueberraschung, Ingrimm und Bestürzung ließen sie gänzlich verstummen, was jedenfalls kein Unglück war.

Hans kam ihr zuvor. „Verehrte Frau Steuerräthin," sagte er mit einer tiefen Verbeugung, „ich bin glücklich, heute Gelegenheit zu haben, mein Ungeschick von gestern wieder gut zu machen! Gestatten Sie mir, Ihnen hier den sehr unvollkommenen Ersatz für das reizende Täschchen zu überreichen, welches durch meine Schuld verloren gieng." Und er überreichte ihr die Tasche.

Wie die Sache abgelaufen wäre, ist gar nicht zu ermessen. Die Tante machte eine Bewegung, als wollte sie das corpus delicti irgend jemandem an den Kopf werfen, da ertönte der helle Laut einer Klingel — das Brautpaar wurde gebeten, auf den beiden Sesseln Platz zu nehmen, die Aufführungen sollten beginnen.

„Hans, wo ist denn der Onkel?" fragte Elisabeth im Moment, ehe Ella mit dem Brautkranz erschien.

„Himmel — richtig — da müssen wir noch warten," sagte Hans erschrocken und sich wieder erhebend, „der Onkel ist noch nicht da!"

„Er hat aber expreß gebeten, man sollte in keinem Falle die Aufführungen seinetwegen verzögern," fiel der Oberförster ein.

„Einerlei, Papa — warten wir nicht am Ende doch?"

„Kinder, es ist bald $^1/_4 9$ Uhr," sagte die Oberförsterin, „um 7 Uhr ist eingeladen; wenn er noch extra gesagt hat, wir sollten anfangen, da fangen wir an."

„Nun, wenn Sie auch meinen —," bemerkte die Hausfrau, „es wird allerdings sonst sehr spät mit dem Tanzen!"

„Den Brautkranz, Schwester bring' ich Dir," begann im selben Moment Ella zu deklamiren und schlug damit alle Einwürfe nieder — der Onkel war — gestehen wir's — für den Moment vergessen! —

Polterabendscherze sehen sich meist untereinander

frappant ähnlich! So auch hier. Die Blumen=
mädchen, Zigeunerinnen und Genien erschienen wie
bei anderen derartigen Gelegenheiten. Als originell
fiel nur eine „Tochter des Regiments" auf, da
Hans mit keinem Regiment der Welt etwas zu
thun hatte und infolge dessen auch unvermögend
war, sich von den schwungvollen Worten dieser
„Tochter" irgend wie getroffen zu fühlen. Aber
die junge Dame besaß nun einmal das Kostüm
und konnte das Gedicht auswendig, und so erschien
sie erbarmungslos in dieser Verkleidung, so wie sie
zu einem Polterabend geladen wurde. Das war
in der ganzen Stadt bekannt und der unmilitärischeste
aller Bräutigams fand infolge dessen nichts darin,
daß die kriegerische Jungfrau ihn andeklamirte. Daß
eine „Hoffnung" im meergrünen Gewande stockte
— stammelte — daß ihre Mutter das Konzept
der Dichtung aus der Tasche zog und soufflirte —
daß die „Hoffnung" ein paarmal „wie?" nach der
mütterlichen Souffleuse hinüber rief, weil diese nicht
laut genug sprach — ja, daß sie — die „Hoff=
nung" schließlich das unheilvolle Blatt selbst er=
griff und frischweg ablas — das kommt auch auf
jedem Polterabend vor. Aber daß der kleine Rudolf,

der die Aufführungen beschloß und als Amor mit einem allerliebsten Flügelpaar an den Schultern hineinflattern sollte, im entscheidenden Moment streikte und in Thränen der Angst und Wuth ausbrach, war neu, und keiner wußte sich angesichts dieser aus Schüchternheit gebornen Renitenz zu benehmen.

Tante Adelheid, welche als Regisseur fungirte und jeden der Reihe nach mit einer kleinen Malice auf die Bretter, die heute Abend die Welt bedeuteten, hinausgeleitete, ergriff Rudolf schließlich mit der ihr eigenen Energie am Flügel und zerrte den armen, kleinen Liebesgott zur Richtstätte. Doch wehe — die Flügel des imitirten Amor erwiesen sich als trügerisch — der eine blieb in den Händen der Tante zurück, während der gerupfte Rudolf sich schluchzend hinter das Brautpaar verkroch und nicht wieder zum Vorschein kam. — Die Stimmung wurde durch dies kleine Intermezzo aber noch viel vergnügter — Hans erklärte es für ein sehr gutes Omen, daß Amor angesichts eines Brautpaares die Flügel verliere und so die bestimmte Absicht pantomimisch ausdrücke, bei ihnen zu bleiben — er dankte der Tante in feurigen Worten dafür, daß sie dieses Omen durch ihr thatkräftiges Ein=

greifen vermittelt habe — und die Tante begann bereits, sich einzubilden, daß das ganze Malheur ein guter Witz von ihr gewesen sei, und hätte Hans dafür fast verziehen, was er an ihr gesündigt hatte.

„Aber wo bleibt der Onkel?" rief jetzt Hans, als Leben und Bewegung in die Gesellschaft kam, und die Klavierspielerin, die, wie Schillers Glocke, seit Jahren alle Familienfeste mit ihren Klängen begleitete, schon vor dem geöffneten Instrument saß, bereit, bei der geringsten Provokation in eine Polonaise auszubrechen. „Ist er denn noch nicht da? Das ist ja unglaublich! Da muß ihm etwas zugestoßen sein! Lieber Schwiegerpapa, schicke doch einen Boten nach dem Hotel — ich verstehe das gar nicht!"

„Ich werde selbst gehen," sagte der Oberförster, „lassen Sie nur, Bürgermeisterchen, unser Onkel ist ein herzensguter Mann, aber etwas eigenthümlich — er könnte es am Ende übel nehmen, wenn man nur so sans façon nach ihm schickte. Wo finde ich aber jetzt meinen Ueberzieher aus der Menge von Sachen heraus?"

„Ich hole Ihren Rock!" sagte der Bürger=

meister und eilte in die Garderobe — blieb aber erstaunt stehen. In dem halbdunkeln Gemach, mitten unter Mänteln und Kapotten saß ein wohlbeleibter Herr, mit dem Rücken nach der Thür, und trommelte so heftig den Dessauer Marsch auf der Fensterscheibe, daß er den Eintritt des Hausherrn überhörte. Er war im Frack und weißer Binde.

„Erlauben Sie," sagte der Bürgermeister in unsicherem Ton, — „darf ich fragen, was Sie eigentlich hier machen?"

Der Angeredete fuhr hastig herum. „O, ich trommle mir nur den „alten Dessauer" vor — das scheint ja mein Antheil am Vergnügen zu sein!"

In dem Moment erschien der Oberförster. „Onkel!" rief er erschrocken, und der Bürgermeister wiederholte: „Der Onkel!"

„Ja, der Onkel!" sagte der Trommler in einem unbeschreiblichen Tone, „also es ist doch den Herren nicht ganz entfallen, daß noch ein Onkel existirt — eine sehr unbedeutende Persönlichkeit, die nur vierzig Meilen weit hergekommen ist, um die Hochzeit seines Großneffen zu feiern — ja, „der Onkel," so hatte er sich allerdings die Feier nicht ausgemalt!"

„Aber bester Herr," sagte der Bürgermeister ganz fassungslos, „warum kommen Sie denn auch so spät? Es ist ja halb zehn Uhr, und mein Schwiegersohn sagte, als er um sieben kam, Sie wären im Begriff gewesen, ihm auf dem Fuß zu folgen und hätten dringend gebeten, daß wir nicht mit den Aufführungen auf Sie warten sollten!"

„Nun ja," erwiderte der Onkel, „das sagt man so! Aber man nimmt doch selbstredend an, daß — nun, einerlei! Und was Spätkommen betrifft — ich sitze seit fast einer Stunde hier in der Garderobe — ich bin nicht zu spät gekommen!" Und er trommelte weiter.

„Aber mein Himmel," rief der Hausherr immer entsetzter, „warum kamen Sie denn nicht herein? Das nehmen Sie mir nicht übel, aber ich kann doch heute, wo solcher Trouble im Hause ist, nicht jedem Gast bis in die Garderobe entgegen laufen!" —

„Wollen Sie mich nicht lieber bald prügeln?" fragte der Onkel mit sanfter Ironie, „es soll mir auch recht sein! Ich mache wahrhaftig keine Ansprüche — ich habe bisher gedacht, ich wäre ein Mensch und brauchte mich nicht geradezu mit Füßen treten zu lassen — aber ich habe mich geirrt! Bitte, treten Sie mich mit Füßen — es mag ja wohl die richtige Behandlung für mich sein!" Wieder ein paar Takte des „alten Dessauer."

Der Oberförster begann leise und eindringlich auf den zorngeschwollenen Anverwandten einzureden, er kannte die Eigenthümlichkeit des Onkels, die darin bestand, daß er sich immer für zurückgesetzt hielt und von seinem Nebenmenschen beständig schreiendes Unrecht und tödtliche Beleidigungen erfuhr, die allerdings dem Unbetheiligten oft ganz räthselhaft erschienen.

Daß heute der Onkel das Recht auf seiner Seite hatte, und daß die Gesellschaft ihn hätte erwarten sollen, ließ sich ja nicht leugnen, aber die mannichfachen Aufregungen des Polterabends hätten einem nachsichtigeren Gemüth wohl als Milderungsgründe für die Familie gelten können.

Der Bürgermeister, welcher bereits einsah, daß er im Staube werde Abbitte thun müssen, seufzte schwer. Die Tante und der Onkel — es war etwas viel des Guten! Aber wollte er sich und den Seinen nicht das ganze Fest verderben, so mußte er wohl in den sauren Apfel beißen. Die wortreichsten Entschuldigungen, in denen er seine und seiner Angehörigen Verbrechen und Reue in den schwärzesten Farben malte, wirkten zuletzt einigermaßen besänftigend auf den Onkel ein, er hörte auf zu trommeln und schritt endlich, von den beiden Herren gezogen und angefleht, vor verletzter Würde noch etwas pustend, in das Versammlungszimmer. Der Aufruhr, den sein Erscheinen daselbst verursachte, war Balsam auf das beleidigte Ehrgefühl des alten Herrn. Er wurde von allen Seiten umringt, begrüßt, bedauert, und nachdem er vergeblich versucht hatte, jedem, der ihm guten Abend sagte, etwas übel zu nehmen, bat er, den Tanz seinetwegen nicht länger zu verschieben, welche Großmuth die Familie mit gebührender Rührung aufnahm.

Der bedeutsame Moment, wo Onkel und Tante einander vorgestellt wurden, verlief in höchst überraschender Weise.

Man war so ziemlich darauf gefaßt, die liebenswürdigen Herrschaften sofort nach einander schnappen zu sehen, und hatte nach den verschiedenen Temperamenten mit verschiedenen Empfindungen, der Angst und der Belustigung, dem Zusammentreffen der beiderseitigen Anverwandten entgegen gesehen — aber es kam anders!

„Liebe Cousine!" stellte der Bürgermeister vor, „der Onkel unseres Schwiegersohnes, Herr Rentier Höpner — Frau Steuerräthin Busch."

Der Onkel verbeugte sich, so weit es ihm seine Verhältnisse gestatteten. Die Tante aber, deren Antlitz ein Lächeln überflog, holdseliger, als es ihre zeitweiligen, glücklichen Wirthe noch zu Gesicht bekommen hatten, eilte mit ausgestreckten Händen auf ihn zu.

„Herr Höpner, Sie kennen mich nicht mehr? Adelheid Rieselberg? ach, wie manchen Ball haben wir zusammen erlebt! Nein, das ist ein reizender Zufall!"

Der Onkel wußte erst nicht recht, ob er es nicht eigentlich übel nehmen mußte, daß er wieder erkannt wurde, fand aber zu seinem Bedauern keinen Grund — er wühlte daher in seinem Gedächtniß und brachte nach mehrfachem Kopfschütteln und Nachdenken denn auch richtig die Bekanntschaft mit der Tante ans Tageslicht.

Da eben die Klänge der Polonaise ertönten, so bat er seine Jugendbekannte artig um den Vorzug, und zu größtem Erstaunen und heimlicher Belustigung der Familie schwebten die beiden bösen

Anverwandten taktmäßig mit einander durch die Räume.

Hans und Elisabeth, die den Tanz angeführt hatten, saßen jetzt zusammen und tauschten Bemerkungen aus. „Wie findest Du den Onkel?" fragte der Bräutigam vorsichtig.

„Nun, nicht so schlimm wie die Tante," gab Elisabeth zurück, „er beleidigt doch nicht andere Leute, er ist bloß immer beleidigt, und das läßt sich eher aushalten."

„Elisabeth," begann Hans zögernd von neuem, „ich wollte warten, bis Du ihn gesehen hast, ehe ich Dir etwas sagte — wirst Du böse sein?"

„Willst Du mich abtreten?" lachte Elisabeth, „sage es offen — ich bin ganz darauf gefaßt."

„Nein, ich will überhaupt gar nichts, aber er will, wenn wir von der Hochzeitsreise zurück sind, auf ein paar Wochen zu uns kommen," sagte Hans niedergeschlagen, „er hat es mir erst heute Abend gesagt."

„Ach Hans, g l e i c h nach der Hochzeitsreise?" fragte Elisabeth etwas kläglich, „konntest Du ihn nicht davon abbringen?"

„Ich konnte nicht, Kind! Du weißt nicht,

wie er ist! Ich war selbst wie vom Donner gerührt! Aber sieh, er ist mein Pathe und ich bin ihm sehr viel Dank schuldig."

"Wofür denn?" fragte Elisabeth.

"Nun, ich weiß eigentlich nicht," sagte Hans verlegen, "aber er sagt es immer, und da habe ich es auch geglaubt! Ich fürchte nur eins, Elisabeth — nur eins — wenn er kommt, geht er so bald nicht wieder weg, denn er ist so sehr gern in Erlenhof, und ich kann ihm dann nicht sagen: „reise ab!" Das kann ich nicht! Und er thut es auch nicht. Bei den Eltern hat er einmal zwei Jahre auf die Art gewohnt."

"Angenehme Aussicht!" sagte Elisabeth, "nun fehlte bloß, daß ich die Tante dazu bäte!"

Hans schauderte. "Ich lasse alle Minen springen," sagte er, "wenn ich das Entsetzliche noch abwenden kann, thue ich es. Aber ich fürchte, er bleibt uns!"

Tante und Onkel saßen indeß zusammen und schienen ganz vertieft in ihre Unterhaltung, die allerdings nicht ohne Interesse war — sie räsonnirten nämlich zweistimmig auf die beiderseitigen Familien. Nachdem die Tante durch schlaue Winkel=

züge heraus bekommen hatte, daß der Onkel kinder=
loser Wittwer sei und von seinen Renten lebe, ent=
faltete sie ihre ganze Liebenswürdigkeit, deren sie
allerdings nicht viel besaß. Geschickt ließ sie ihre
ebenfalls günstigen Vermögensverhältnisse im Laufe
der Unterhaltung durchschimmern, und als die Zahlen
der jährlichen Einkünfte erst festgestellt waren, wuchs
die Hochachtung der beiden Biederen um ein be=
deutendes.

Die Familie, glückselig, daß die bêtes noires
so in einander aufgiengen, umschlich sie in scheuen,
weiten Bogen, um sie ja nicht zu unterbrechen, und
der Polterabend gieng sehr vergnügt zu Ende.

Als man sich zur Ruhe begab, erklärte die
Tante, sich lange nicht so gut amüsirt zu haben,
und versicherte zur sprachlosen Bestürzung des ganzen
Hauses, so nett habe sie sich es gar nicht gedacht,
und sie werde gern noch ein Weilchen bleiben, „da
Ihr mich so darum gequält habt," setzte sie mit
dichterischer Licenz hinzu.

Nach dieser Erklärung war wieder ein Schatten
in das Haus des Bürgermeisters gefallen, und so=
wohl die Eltern als Elisabeth suchten in etwas be=

drückter Stimmung ihr Lager auf — jeder mit einem solchen Gast in Aussicht!

Wer in der zuweilen angenehmen, zuweilen etwas schwierigen Lage ist, Geschichten zu erzählen, versäume es doch nie, von dem äußerst bequemen und erfreulichen Vorrecht Gebrauch zu machen, welches ihm in diesem Falle zusteht — ich meine das Vorrecht, ein paar Stunden oder Tage oder beliebige Zeiträume mit Stillschweigen zu übergehen. Ich werde hier gleich die Nützlichkeit eines solchen Verfahrens praktisch beweisen.

Mancher, der diese Geschichte liest, hat gewiß schon mit Schaudern vorausgesehen, daß ich ihn nun durch alle Stadien des Erwachens, Frühstückens, Anputzens der Braut, gerührte Reden der beiderseitigen Eltern geleiten und ihm schließlich gar noch die Traurede in einem kurzen Auszug mittheilen werde. Ich denke gar nicht daran! Ich führe meine Leser einfach an die sehr hübsch gedeckte und geschmückte Hochzeitstafel, weise ihnen einen Platz an, von wo sie die Gesellschaft, das allerliebste Ehepaar an der Spitze, sehr gut überschauen können, stelle vor jeden einen Teller mit seinem Lieblingsgericht und ein gutes Glas Wein und bitte ihn, sich nun selbst zu überzeugen, wie die Geschichte vom „angenehmen Logirbesuch" ihren Fortgang nimmt.

Auf derartige Feste läßt sich meist der unumstößliche Satz anwenden: Hochzeiten sind entweder amüsant oder langweilig! Entweder ist die Familie, deren eines Mitglied sich verheirathet, sentimental gestimmt und geneigt, den Bräutigam im Licht eines Freibeuters zu betrachten, der böswillig eine Tochter raubt — in diesem Falle pflegt die Hochzeit eine Wasserpflanze zu sein, die aus dem Sumpf unnöthigen Jammerns von Thränen begossen emporsteigt. Aber Gottlob überwiegen die fröhlichen Hochzeiten im allgemeinen, die Hochzeiten, die nicht bloß den traurigen Abschied vom alten, sondern zugleich den fröhlichen Willkommsgruß des neuen Lebensabschnitts im Auge haben, die mit der letzten Rührungsthräne nach dem fait accompli nun auch noch die überflüssige Rührung bei Seite werfen und sich mit Recht sagen: „wenn das Brautpaar den nöthigen Ernst und die reifliche Ueberlegung, die man von diesem Tage unzertrennlich findet, nicht von selbst und schon lange gehabt hat, so wird es ihm auch verzweifelt wenig nützen, wenn wir alle an der Hochzeitstafel mit langen Gesichtern sitzen. Also wollen wir ganz vergnügt sein."

Eine solche Hochzeit war auch die von Hans und Elisabeth. Das fröhlichste Durcheinander von Stimmen schwirrte um die lange Tafel, selbst der Prediger, der seinen Platz an der Seite der reizenden Braut hatte, fand es durchaus nicht unter seiner Würde, in das herzliche Lachen der Jugend einzustimmen, aus der Nebenstube ertönte Tischmusik, alles war in heiterster Laune, Onkel und Tante, die ganz unzertrennlich blieben, hatte man mit weiser Voraussicht neben einander gesetzt, und sie schienen sich außerordentlich zuzusagen — die Angehörigen wußten freilich nicht, worüber sie sich mehr wundern sollten — darüber, daß die Tante dem Onkel oder daß der Onkel der Tante gefiel! Aber jedenfalls waren sie unschädlich gemacht, und in dem dunkeln Bewußtsein, daß man sie beiderseitig nicht lange so verträglich sehen würde, ließ man sie gewähren und wies den Gedanken weit von sich, daß beide als Gäste für die nächste Zeit den Familienhimmel zu verdunkeln drohten.

Beim Becherklang entwickelte sich indeß die Reihe der Toaste! Heitere Toaste, ernste Toaste, Toaste, die bei Hermann dem Cherusker begannen, eine kurze, gedrängte Uebersicht der ganzen Weltgeschichte geben zu wollen schienen und endlich zur allgemeinen Erleichterung aufforderten, die Gläser zu füllen und „unsern verehrten Freund, den Oberförster" oder „den Brautvater" leben zu lassen, obwohl der betreffende in nicht gerade streng logischem Zusammenhange mit dem Vorhergehenden stand — Toaste, deren Autor inmitten eines künstlich gebauten Satzes sich verhaspelte, kreidebleich wurde, noch einmal anfieng und schließlich, wenn seine Angehörigen mit gesenkten Augen und Herzklopfen bereits alle Qualen des Steckenbleibens für den Sprecher ausgekostet hatten, mit heldenmüthigem Entschluß ein ganz unvermitteltes „Hoch" ausstieß, in das alle kräftig einstimmten, ohne zu ahnen, wem es galt — kurz Toaste aller Arten und Sorten.

Man fieng an, allmählich genug von diesem Vergnügen zu haben, und in die gespannte Ueberraschung, die das Anklopfen ans Glas zuerst zu begleiten pflegte, mischte sich bereits ein leises Murren: „schon wieder?" oder: „noch einer?" und es schien allerdings, als ob keiner mehr unbe=

toastet geblieben, nachdem ein Wagehals sogar das
Ungeheure fertig gebracht, die „liebenswürdigen An=
verwandten des Hauses, die aus weiter Ferne herbei
geeilt waren, um das Fest zu verschönen," mit
einem mehr wohlgesetzten, als wahrheitsgetreuen
Trinkspruch zu versorgen, den der Onkel zu allge=
meinem Erstaunen nicht übel nahm. Da plötzlich
erhob sich dieser besagte Onkel und schlug mit feier=
licher Miene ans Glas. Allgemeine Todtenstille
begleitete diese Bewegung des gefürchteten Mannes.

„Meine Herrschaften," begann der Onkel mit
Donnerstimme, „wir haben das Glück" —

Welches Glück wir hatten, sollte aber nie ein
Sterblicher erfahren! Denn aus der „Kinderecke,"
die heute schon das Möglichste im Stillschweigen
bei Toasten geleistet hatte, ertönte schrill und laut
die Stimme des kleinen Karl: „Mama, darf ich
noch ein Stückchen Baumkuchen?"

Das allgemeine St! — die entrüsteten Blicke,
welche die ganze Gesellschaft auf den Uebelthäter
schleuderte, kam zu spät.

Der Onkel, selig, daß er etwas übel nehmen
konnte, wurde leichenblaß, schob dröhnend den Stuhl
zurück, und — o Entsetzen — verließ, vor Wuth

faſt weinend, ſtampfenden Trittes den Feſtſaal, während die Geſellſchaft, wie die Gruppe der Nio=
biden, ſtarr und ſtumm hinter ihm herſah.

Der unheimliche Zauber löste ſich zunächſt durch eine drohende, väterliche Pantomime, die dem un=
glücklichen Karl die Lehre verſinnbildlichen ſollte, daß Reden Silber, aber Schweigen Gold ſei! Dann erhob ſich die Hausfrau und wollte dem Onkel nacheilen. Aber Tante Adelheid kam ihr zuvor.

„Laß mich gehen, Marie,“ ſagte ſie mit der ihr eigenen Anmuth, „Ihr ſeid alle ſo taktlos, Ihr macht die Sache nur ſchlimmer — ich werde mit ihm ſprechen!“

Ob der leiſe und heimliche Gedanke, daß in dem ſchwer gereizten Onkel der Familie ein Rächer zu erſtehen berufen ſei, der die Tante bei ihrem Vermittelungsverſuch für ihre vielen Uebelthaten ſtrafen werde, Marie bewog, dieſem Vorſchlag nachzugeben, bleibt dahingeſtellt.

Jedenfalls rauſchte die Frau Steuerräthin dem Gekränkten nach, und die Geſellſchaft ſaß ein paar Augenblicke in athemloſer Spannung. Als man aber nur ein lang andauerndes, bumpfes Stimmen=
gemurmel hörte, begann alles, erſt leiſe, dann lauter,

und endlich sehr laut, wie es gegen Ende eines
Diners zu geschehen pflegt, die Unterhaltung wieder
aufzunehmen, und nachdem Karl in Anbetracht des
hohen Festtages Absolution bekommen und seine
Thränen getrocknet hatte, fieng der Zwischenfall an,
in den Hintergrund zu treten.

Etwa zwanzig Minuten mochten vergangen sein,
als das Paar wieder im Festgemach erschien.

Der Bürgermeister eilte dem Onkel, dessen edle
Züge noch durch eine gewisse, finstere Majestät be=
schattet wurden, entgegen, entschuldigte sich, ent=
schuldigte seinen Karl, kurz, entschuldigte rechts und
links, und die kleine Gruppe blieb eine ganze Weile,
in halblautem Tone sprechend, an der Thür stehen.

Nun schien die Versöhnung ihren Gipfelpunkt
erreicht zu haben — der Hausherr schüttelte erst
dem versöhnten Onkel, dann der vermittelnden Tante
kräftig die Hand und kehrte dann zu seinem Platz
zurück, von den beiden gefolgt. Hier schlug er
dröhnend ans Glas — eine ganze Welt von Glück=
seligkeit strahlte aus seinem Gesicht. Alles horchte auf.

„Meine Herrschaften," begann der Bürgermeister,
gerade wie vorhin der Onkel, „meine Herrschaften,
unser verehrter Anverwandter und lieber Gast, Herr

Rentier Höpner, giebt mir den ehrenvollen Auftrag, Ihnen eine freudige Mittheilung zu machen. Sie sehen hier, meine Herrschaften, eine lebende Illustration des Sprichwortes, „alte Liebe rostet nicht —," unser verehrter Onkel und unsere liebenswürdige Tante haben beschlossen, noch ein zweites Sprichwort wahr zu machen — daß nämlich aus einer Hochzeit manchmal zwei werden. Ich stelle der Gesellschaft ein Brautpaar vor — Herr Rentier Höpner und Frau Steuerräthin Busch — sie leben hoch — und abermals hoch — und zum drittenmal — hoch!"

Selten hat seit Anbeginn der Reden ein Redner solches Glück gemacht, wie unser Bürgermeister! Ein wahrer Jubel und Beifallssturm brach los — alles drängte sich um das neue Paar und jeder beglückwünschte sie, im Stillen nicht recht sicher, wer bei diesem Bündniß des Starken und des Zarten am meisten zu bedauern sei.

Die Tafel war mit diesem Knalleffekt aufgehoben, und alles wogte mit Lachen, Glückwünschen und kleinen, leisen Bemerkungen durcheinander.

Hans flüsterte seiner jungen Frau zu: „Elisabeth, auf dem Haupte Deiner Tante seh' ich uns neue Freiheit grünen — nun kann er nicht mehr zu uns kommen — es ist doch zu nett von den beiden, daß sie sich verlobt haben!" Elisabeth nickte vergnügt.

Die Hausfrau fand einen Moment, um ihren Mann allein zu sprechen. Sie sah ihm lachend ins Gesicht. „Das war eine glückliche Lösung, Franz — jetzt sind w i r sie los! Aber nimm Dir nur dies Mal eine Lehre daraus — lade nicht wieder so unvorsichtig Besuch ein!"

„Verlaß Dich auf mich!" sagte der Bürgermeister aus tiefster Seele, „ich hätte die größte Lust, in eine andere Wohnung zu ziehen, nur damit wir keine Logirstube mehr haben!"

„Nun, die Gäste sind ja verschieden," erwiderte seine Frau, „und ich glaube, wenn Hans und Elisabeth zum ersten Mal aus Erlenhof zu uns kommen, dann wird uns das Gaststübchen sehr angenehm sein!"

Der Brautvater nickte — halb lächelnd, halb wehmüthig.

„Ja, das ist auch ganz etwas anderes!" sagte er. — —

# Papas Zahnschmerzen.

Die Spiritusflamme unter dem großen Messing=
kessel schien des Wartens schon fast über=
drüssig zu sein. Sie leckte mit ihrer bläulichen
Zunge nur noch ganz matt an ihrer Gefängnis=
mauer empor und sank dann klein und rothknisternd
in sich zusammen. Es war aber auch ungewöhnlich
spät geworden — fast zehn Uhr! — und noch hatten
die Frau Landgerichtsräthin und ihre Tochter nicht
Kaffee getrunken.

Der Hausvater, der seinen Morgenimbiß mit
den Tertia und Quarta besuchenden Söhnen schon
um sieben Uhr eingenommen, war bereits auf dem
Gericht. Er konnte freilich auch nicht so müde
sein, wie seine Damen! Hatte er sich doch, obgleich

gestern der erste Kasinoball stattgefunden — und obgleich die Seinen, erst vor wenig Wochen hierher versetzt, der Gesellschaft ganz fremd waren — um halb zehn Uhr still und heimtückisch vom Schauplatz des Festes entfernt und seine Zeit abgeschlafen. Ja, so tief war sein Schlummer, daß er von der Heimkehr der Seinigen nichts merkte und weder zu hören schien ob es „reizend" gewesen, noch ob seine Frau sich bei Tisch und mit der Nachtdroschke trotz seines böswilligen Verlassens hatte arrangiren können.

Die Spiritusflamme sah nicht ein, warum sie noch länger warten sollte — knicks — knacks — sie verlöschte! Hätte sie das früher gethan, so wären vielleicht auch die Erwarteten eher gekommen, — nach dem alten, oft erprobten Grundsatz, daß ein verspäteter Gast sofort, wie durch Zauberei herbeigerufen, erscheint, wenn man den Entschluß faßt, sich ohne ihn zu Tisch zu setzen.

So auch hier. Die Thür öffnete sich, und die Frau Landgerichtsräthin erschien etwas bleich und abgespannt, von ihrem Töchterchen gefolgt, welches sofort flink und zierlich an die Bereitung des Frühstücks gieng. Das Mädchen, welches gar nicht anders heißen konnte, als Eva, sah nicht müde aus. Die rosige Frische ihrer achtzehn Jahre hielt der grellen, unbarmherzigen Morgenstunde trotz der durchtanzten Nacht tapfer Stand, und wenn die Bewegungen ihrer kleinen Hände bisweilen etwas langsam wurden — ja wohl gar einmal ganz innehielten — so sah dies mehr wie der Folge träumerischen Erinnerns, als der Müdigkeit gleich.

Beide — Mutter und Tochter — waren ungewöhnlich schweigsam. Kein Wort der sonst im Familienkreis üblichen Kritik über den vergangenen Abend wurde laut. Die Mutter warf ab und zu einen nachdenklichen, fast besorgten Blick nach dem Mädchen hinüber, öffnete die Lippen und fand doch kein Wort. Endlich brach sie das Schweigen.

„Eva!"

„Ja, Mama?"

„Wollte „Er" am Nachmittag kommen?"

Das Mädchen nickte energisch mit dem Kopf, während eine etwas tiefere Röthe, die ihr hübsches Gesichtchen überzog, verrieth, daß der erwartete Besuch nicht etwa der Ofenkehrer oder der Klavierstimmer sei.

„Gott gebe nur, daß der Papa dann guter Laune ist," seufzte die Mutter, „die Männer können sich doch nie beherrschen! Wäre er gestern noch eine Stunde geblieben, so hätte man die Herren mit einander bekannt gemacht, und es wäre alles viel natürlicher verlaufen. Aber so! Ich höre ihn schon, Eva: Ein wildfremder Mensch, den ich noch nie gesehen habe, fällt mir ins Haus, und hält um meine Tochter an!"

„Da hätte er ja eigentlich auch nicht unrecht, Mama," sagte Eva und lachte ganz wohlgemuth. „Aber dann werde ich sagen: das kommt davon, lieber Papa, wenn man seine jüngste Tochter zur verheiratheten Schwester auf Logirbesuch schickt! Dreißig Meilen weit können die Eltern nicht auf= passen!"

„Eva, sei nicht so leichtfertig," erwiderte die Mutter strafend, „man sieht recht, daß Du noch keinen Begriff von der Wichtigkeit eines solchen Schrittes hast!"

„Ach, liebe Mama, ich bin ja schon ganz ver= nünftig! Aber mir ist heute so unglaublich vergnügt zu Muth — wenn nun wirklich mit der Verlobung der Ernst des Lebens kommt, da laß' mich doch noch meine drei — vier freien Stunden genießen!" — Die Mutter schüttelte unzufrieden den Kopf.

„Mir geht die ganze Sache zu schnell," sagte sie dann, „ich habe bei Deinen Erzählungen nie daran gedacht, daß Du ein tieferes Interesse für den Assessor hast, und nun kommt er auf einmal und will um Deine Hand anhalten."

„Aber, Mama, sei doch nicht so sonderbar!" rief Eva in gereiztem Ton — sie war ein wenig verzogen, das Fräulein Eva! — „konnte er denn wissen, daß er gleich nach dem Examen angestellt werden würde? Und konnte er vor dem Examen mit Papa sprechen? Nein es ist so am allerbesten — und, Mama, Du stellst Dich nur so! Du warst gestern auch ganz entzückt von ihm! Ehe Du wußtest, wer es war, hast Du mich gleich gefragt: wer ist denn der große Schwarze dort? Der tanzt ja ausgezeichnet!"

„Vom Tanzen lebt man nicht," grollte die Räthin, wenn auch schon schwächer.

„Aber vom Gehalt eines Amtsrichters, Mama — und nun suche nicht nach Einwänden — wir müssen uns ja doch verbinden, damit der Papa heute liebenswürdig gegen ihn ist! Ich freue mich, daß er gestern Abend nicht so lange blieb, da hat er heute ausgeschlafen und ist gut gestimmt."

„Das wollen wir hoffen" erwiderte die Mutter.

In diesem Augenblick ertönte draußen die Klingel, und man hörte das Scharren eines Stockes auf dem Flur.

Mutter und Tochter sahen sich erschrocken an. „Das ist der Papa," nahm Eva endlich das Wort, „jetzt schon! da muß etwas vorgefallen sein! Soll ich ihm entgegen gehen?"

„Nein, nein," rief die Mutter, sie zurückhaltend, „er wird schon kommen — ich muß doch auch wissen, was geschehen ist."

Draußen vernahm man einige laute, zornige Worte, und im nächsten Moment trat der Hausherr ins Zimmer. Er war ein großer, hagerer Mann im Anfang der fünfziger Jahre, mit spärlichem, schwarzgrauem Haar, welches sorgfältig von hinten nach vorn gebürstet war, mit einem Halskragen von anno dazumal, und einem weichen Herzen, welches sich hinter einem cholerischen Wesen erfolgreich verbarg.

„Alle Thüren standen offen," sagte er eintretend, „ein Zug zum Wegfliegen! Kann denn kein Mensch eine Thür zumachen?"

Niemand antwortete. Wenn Papa so anfing, that man am besten zu schweigen.

„Und hier steht noch das Kaffeezeug," fuhr der grollende Hausherr fort, „eine Zucht ist bei uns — unbeschreiblich! das kommt von den verwünschten Bällen!"

„Papa, es war doch das erste Mal in diesem Winter," wagte die unvorsichtige Eva zu bemerken.

„Ach was — erstes Mal! zu meiner Zeit giengen die jungen Mädchen überhaupt n i e auf einen Ball — nein wahrhaftig! ein ordentliches, vernünftiges Mädchen tanzte nie — in ihrem ganzen Leben nicht!"

Seine Frau, die ihren Eheherrn auf einem Ball kennen gelernt hatte, lächelte wider Willen — erschrak aber selbst darüber und legte ihr Gesicht sofort in ernste Falten. Es gibt bekanntlich nichts Komischeres, als diesen blitzschnellen Uebergang vom Lachen zum Ernst — und Eva, die heute überhaupt — wir wissen ja warum! — sehr fröhlich gestimmt war, konnte einen kleinen Ausbruch der Heiterkeit nicht unterdrücken.

„Wenn Ihr mich auslacht, kann ich auch in meine Stube gehen," schrie der Rath zornig und stand auf.

„Lieber Karl," besänftigte die Frau, „sei doch

nicht gleich heftig. Du kennst ja das Mädchen, sie ist einmal so kindisch. Erzähle lieber, wie es zugeht, daß Du schon vom Gericht kommst!"

„Jede andere Frau hätte danach gefragt!" erwiderte der gereizte Karl, „aber Ihr laßt einen ja überhaupt nicht zu Worte kommen! Ich bin unwohl!"

„Was fehlt Dir denn, lieber Mann?" fragte die Räthin besorgt.

„Ach, ich habe mich furchtbar erkältet! Paß auf, Emma, ich bekomme eine schwere Krankheit!" —

„Bester Karl, es wird doch nicht so schlimm sein! Ihr Männer gebt Euch auch immer gleich hin! Zeige 'mal Deinen Kopf — und die Hand! Ach bewahre, das hat nichts weiter zu sagen, Du hast ja keine Hitze — auch nicht die Spur!"

„Tausend noch einmal," schrie der Rath und schlug mit der flachen Hand auf den Tisch, daß die Tassen klirrten. „Hitze soll ich auch noch haben? Geh Du einmal im Januar eine Viertelstunde weit vom Gericht nach Hause, und dann will ich Dich anfühlen, ob Du Hitze hast, wenn Du eben in die Stube trittst. Natürlich habe ich keine Hitze — ich friere, daß mir die Zähne klappern!"

Und er fingirte einen Schüttelfrost, der aber sehr dilettantisch ausfiel, denn mit den Zähnen klappern ist gar nicht so leicht, wenns nicht von selber kommt. Nun folgte ein gründliches Register von Beschwerden, wobei das geheimnißvolle „es" aller Patienten eine große Rolle spielte.

„Es" sticht mich im Halse, „es" steckt mir in allen Gliedern" und so weiter.

„Jetzt weiß ich auch, wo Du Dir das geholt hast," sagte seine Frau, während Eva das Frühstücksgeräth abräumte. „Vor vierzehn Tagen, als wir Abends von Böhms nach Hause kamen und ich Dich noch so bat, Du möchtest Dir den Kragen vom Ueberzieher in die Höhe schlagen" —

„Nein," sagte der Rath, bei dem jetzt die flammende Wuth zum weißglühenden, stillen Grimm geworden war, „ich weiß es besser. Als ich getauft wurde, wollte ich durchaus unter der zugigen Kirchthüre stehen bleiben, und da habe ich mich erkältet — meine Amme sagte es gleich voraus! Es ist doch zum Tollwerden. Wenn ich am ersten Januar 1880 Magendrücken habe, führst Du es auf den Pfannkuchen zurück, den ich 1854 zu warm gegessen habe. Ach, und jetzt bekomme ich auch

Zahnschmerzen — und keine schlechten! Das hat mir gefehlt! Ich kann viel aushalten — aber Zahnschmerzen! nein, das ist zum Rasendwerden! Emma, so sitze doch nicht so theilnahmlos dabei — gib mir einen Rath — was macht man denn bei Zahnschmerzen? Ach, es ist furchtbar — ich habe es satt, ich habe es satt!"

„Lieber Mann," erwiderte Frau Emma mit jener sanften Ruhe, die wir bei den Leiden eines andern so leicht und vortrefflich zu entwickeln verstehen, „vor allen Dingen thu mir die Liebe und rege Dich nicht unnütz auf! Geh in Deine Stube, ich werde Dir ein Brausepulver zurecht machen, nnd Du sollst sehen, die Zahnschmerzen werden sich beruhigen. Von dem Umhertoben werden sie nur ärger!"

Weitere Bemerkungen über das Zahnweh unterblieben auf einen warnenden Blick Evas hin.

Der Rath wankte, von der Wucht seiner Leiden erdrückt, nach seinem Zimmer, und die Mutter benutzte den Augenblick, um Eva zuzuflüstern: „Bestes Kind, laß nur heut um des Himmelswillen kein Wort von Deinen gestrigen Erlebnissen laut werden! Papa ist so schrecklich böse, daß wir das Schlimmste erwarten müssen, wenn er heut noch eine Werbung anhören soll. Wer unsern Vater so sieht, der glaubt gar nicht, was für ein guter Mann er ist. Es ist schrecklich!"

Eva nickte, sah aber doch recht niedergeschlagen aus. Es war auch ein schlechtes Erwachen aus der Poesie des ersten Herzenstraumes zu der ganzen Prosa des Alltagslebens in ihrer traurigsten Gestalt! Der widerwärtige Katarrh hätte doch wohl vierundzwanzig Stunden später eintreffen können!

Sie nahm am Fenster Platz und begann zu nähen, während ab und zu ein flüchtiger Blick über die Straße hinflog. Vielleicht gieng der Erwartete hier vorbei, obgleich er ihr gesagt hatte, daß er den ganzen Morgen über wichtige Briefe zu schreiben habe! Nun, kam er nicht vorüber, so konnte sie um so ungestörter ihre Gedanken in die jüngste Vergangenheit flattern lassen, um sich mit der ganzen Unermüdlichkeit eines jungen Herzens zurückrufen, was sie schönes und glückliches erlebt. So erblühten ihr in der Wintersonne alle Blumen der Erinnerung noch einmal, während die Mutter am andern Fenster an der Nähmaschine saß, bei deren surrendem Ton ein Mädchen von heute gerade so

gut träumen kann, wie ihre Urahne beim mittel=
alterlichen Spinnrädchen — es kommt nur auf den
guten Willen an!

Wenige Minuten waren den beiden in dieser
friedlich nachdenklichen Stimmung verflossen, als
der väterliche Schritt sich von neuem hören ließ —
beruhigend schnell und kräftig eilte der Leidende
herbei.

„In meiner Stube ist eine Kälte zum Hunde=
heulen," rief er zornig in die Thür hinein, „meine
Schmerzen werden immer schlimmer!"

„Du hast wohl kein Brausepulver genommen?"
fragte seine Frau.

„Allerdings habe ich das gethan, aber wie
vorauszusehen war, wurde „es" darauf viel ärger!
Wenn Ihr Frauen doch Euer Kuriren lassen wolltet.
Aber das pfuscht dem Doktor so lange ins Hand=
werk, bis man um Leben und Gesundheit gebracht
ist. Nun, habe ich etwa nicht recht, Emma?"

„Ja ja, Karl, es mag schon sein," versetzte
Emma ganz resignirt, „wenn Du meinst, können
wir ja zum Arzt schicken! Du bist nur sonst so
dagegen, ihn wegen jeder Kleinigkeit herzubitten."

„Kleinigkeit!" rief der Rath höhnisch, „natürlich

ist es eine Kleinigkeit, wenn ich vor Schmerzen umkomme und kaum noch sprechen kann! Außerdem — habe ich gesagt, daß zum Arzt geschickt werden soll? Zum Arzt — zum Arzt — das geht nur so! Haben wir uns denn hier schon einen Hausarzt angeschafft? Und so den ersten, besten holen lassen — nein, dafür muß ich denn doch danken! O diese Schmerzen!"

„Du Aermster!" sagte das Töchterchen bedauernd und strich dem Stöhnenden sanft über die Wange.

„Ach was — bedauere mich nicht! Im Grunde denkt Ihr beiden doch, ich mache viel zu viel aus meinen Schmerzen. Ich kenne Euch!"

Nachdem das Gegentheil dieser Annahme eidlich versichert worden war, begann der weibliche Theil der Hausbewohner mit der schuldlosen, oft verkannten Armee der Hausmittel langsam und vorsichtig einen Guerillakrieg zu eröffnen. Das erste Anbieten von homöopathischen Tropfen hatte allerdings fast einen Gattenmord zur Folge, aber als dieser Sturm vorüber war, rückte man mit Eau de Cologne und Kräutersäckchen muthiger vor.

Nachdem das herzzerreißende „Au," welches die Anwendung jedes neuen Medikaments begleitete, durch die Gewohnheit seinen erschütternden Eindruck eingebüßt hatte, ertrug der leidende Hausherr zehn ganze Minuten hindurch ein und dieselbe Behandlungsweise, um unmittelbar nach Ablauf dieser Frist die warmen Umhüllungen von sich zu schleudern und sich kalte Tücher aufzulegen.

Die Mittagsstunde, welche die etwas geräuschvollen Söhne des Hauses aus der Schule brachte, ließ die beiden Frauen neue Qualen ausstehen. Eva eilte „den Jungens" schon angstvoll bis auf die Treppe entgegen, um sie zu beschwören, unnöthiges Stiefelknarren, Sichprügeln und ähnliche gesellige Scherze wo möglich zu vermeiden, es kamen aber immerhin Momente genug, in denen die irritirten Nerven des Hausherrn unter der Gegenwart seiner Sprößlinge unerträgliches litten. Als die beiden unter hörbar unterdrücktem Gelächter und sich puffend zu allgemeiner Erleichterung wieder abgezogen waren, da war der Vater derartig mit Zorn geladen, daß eine furchtbare Katastrophe unvermeidlich schien und er die Seinigen beschwor, ihn sich selbst zu überlassen — ein Wunsch, dem er in den sanften Worten Ausdruck verlieh: „Thut mir den einzigen Gefallen und geht hinaus! Wenn Ihr mich so jämmerlich ansieht, komme ich noch von Sinnen!"

Nicht allzu ungern folgten Mutter und Tochter dieser Weisung, nachdem ihnen der Kranke noch nachgerufen hatte: "Wenn es nicht nachläßt, könnt Ihr meinetwegen zum Doktor schicken — aber nicht, ehe ich es noch einmal gesagt habe!"

Die Wohnung des Landgerichtsraths hatte zwei Eingänge. Der für Besucher bestimmte führte von der breiten Vordertreppe direkt an das Entree und durfte schon Anspruch auf einige Eleganz erheben. Man konnte aber auch von der Rückseite des Hauses aus in die Wohnung gelangen, und dieser etwas schmale und dunkle Aufgang war für Boten, Domestiken und geschäftliche Anfragen reservirt. Dem letzteren zweiten Eingange gegenüber lag das Zimmer, in welchem der leidende Hausherr sich an diesem Nachmittage aufhielt.

Eben war der Rath damit beschäftigt, wie ein Eisbär im Käfig in der Stube auf und ab zu rennen, als die Klingel an der Hinterthür energisch gezogen wurde. Gleich darauf trat die Magd des Hauses bei dem Patienten ein.

„Herr Rath, ein Herr Doktor Burg ist draußen und bittet, seine Aufwartung machen zu dürfen." —

„Haben meine Weiber doch, ohne mich noch einmal zu fragen, zum Arzt geschickt," murrte der Rath, der, auf der Höhe menschlichen Ertragens angelangt, nicht wußte, ob er schimpfen oder sich freuen sollte. „Ich lasse bitten," wandte er sich dann zu dem Mädchen.

Nach wenigen Augenblicken trat ein sehr hübscher junger Mann in das Zimmer, in dessen Gesicht zur Zeit gute Laune mit einem Zug ernster Sammlung zu kämpfen schien. Beim Anblick der Toilette, in der ihn der Herr des Hauses empfing, gewann der heitere Ausdruck die Ueberhand — wenn auch nur für einen flüchtigen Augenblick.

„Herr Rath, Sie sind, wie ich zu meinem größten Bedauern sehe, leidend," begann der Gast.

„Ja, ja, mein verehrter Herr Doktor, es geht mir sehr schlecht," wehklagte der Rath, „und da Sie sich nun herbemüht haben, so darf ich Ihnen wohl sagen, wo es fehlt!"

„Gewiß, gewiß!" meinte der andere, indem er sich theilnehmend verbeugte.

„Nun denken Sie sich — es sticht mich im

Halse — es zieht mich an allen Gliedern — der Kopf thut mir weh — was kann denn das sein?"

Er schwieg erwartungsvoll.

„Ja, bester Herr Rath," erwiderte der Angeredete etwas verlegen, „das kann ich Ihnen wirklich nicht sagen!"

„So? Ist denn das ein so ungewöhnlicher Zustand?"

„Nun, das meine ich nicht gerade — ich würde denken, eine Erkältung — aber ich habe im ganzen so wenig Erfahrung —"

„Ach bitte, Sie sind wohl nur zu bescheiden, Herr Doktor! Nun denken Sie mal, vor allen Dingen habe ich die entsetzlichsten Zahnschmerzen — vom Kopf an in die Kinnladen herunter — nein, unbeschreiblich! Was meinen Sie, Herr Doktor, ist das rheumatisch?"

„O, wohl möglich — wohl möglich," erwiderte der Doktor verlegen, „aber erlauben Sie mir, zu etwas Anderem überzugehen. Ihre Frau Gemahlin —"

„Ach, meine Frau, meine Frau! Die hat Ihnen gewiß vorerzählt, merke ich, wo ich mir die Geschichte soll geholt haben! Ich kenne das — damit bringt sie mich immer zur Raserei! Ich ver=

sichere Sie, bester Herr Doktor, es ist mir rein angeflogen, und wenn meine Frau Ihnen etwas Anderes sagt, so hören Sie nur auf mich! Au — es wird wieder ganz entsetzlich — sehen Sie, der Aerger verschlimmert den Zustand immer!"

„Nein, nein, lieber Herr Rath," beruhigte Doktor Burg, der anscheinend ganz fassungslos war, „Ihre Frau Gemahlin hat mir kein Wort über Sie gesagt — was ich Ihnen mittheilen wollte, betrifft Ihre Fräulein Tochter!"

„Die Eva? Nun, da sehen Sie die Ungerechtigkeit von meiner Frau! Das Mädchen ist kerngesund, hat die ganze Nacht über getanzt, und nun möchte Ihnen meine Frau einreden, daß der Eva etwas fehlt, während ich zurückstehen kann! O diese rasenden Schmerzen! — Nein, ich kann es nicht mehr aushalten — lieber, bester Herr Doktor! Sie müssen mir helfen! Thun Sie mir die einzige Liebe und sagen Sie mir, was ich anfangen soll! Wenn Sie mich von diesen höllischen Zahnschmerzen befreien, bin ich Ihnen ewig dankbar!"

Der Doktor schien zu einem Entschlusse gekommen zu sein.

„Nun, lieber Herr Rath, ich will das Meinige

thun," sagte er ganz mitleidig, "eine Verantwortung
kann ich freilich nicht übernehmen! Haben Sie eine
Apotheke in der Nähe?"

"Das wissen Sie nicht?" fragte der Rath ver=
wundert zurück, "hier im Hause wohnt ja der Apo=
theker Schwarz, mein Hauswirth!"

"Dann erlauben Sie mir, daß ich gehe und
Ihnen ein Mittel hole, verehrter Herr Rath —
— ich bin gleich wieder da!"

"Aber Sie wollen sich doch nicht selbst bemühen!"
schrie der Rath und faßte den anderen am Rock=
zipfel, "hier — auf meinem Schreibtische liegt Papier
und Feder — wenn Sie Ihre Verordnung auf=
schreiben wollen!"

"Nein, nein, Herr Rath," rief der Doktor,
schon im Hinauseilen, "ich gehe selbst — es ist
doch sicherer, um etwaige Verwechselungen zu ver=
meiden!"

"Ein sehr netter, liebenswürdiger Mensch!"
brummte der Rath vor sich hin, "gar nicht so ab=
sprechend, wie die Aerzte oft sind! Au, meine
Schmerzen! Und daß er selbst in die Apotheke geht!
Wenn er das bei allen Patienten so macht, muß
er viel Zeit verlaufen!"

Die Zahnschmerzen wurden hier wieder so überwältigend, daß der Rath jegliches Nachdenken über seinen ärztlichen Helfer unterwegs ließ und sich, wimmernd und seinen Kopf in den Händen wiegend, in eine Ecke kauerte.

Nach wenigen Augenblicken trat Doktor Burg, etwas athemlos vom raschen Gange, wieder ein, diesmal mit mehreren Packetchen beladen. „Hier bringe ich hoffentlich Hilfe, Herr Rath," sagte er, seine Schätze ausbreitend, „kommen Sie, kommen Sie — es zerreißt mir das Herz, Sie jammern zu hören — ich kann so etwas gar nicht mit ansehen!"

„Das ist aber sehr traurig — speziell für Sie!" bemerkte der Rath, der sich wieder faßte.

„Für jeden Mann!" erwiderte der weichherzige Aeskulap und begann seine Fläschchen zu entkorken.

„Hier, Herr Rath — darf ich bitten, daß Sie sich mit diesem Senfspiritus das Gesicht reiben — und vielleicht hinter dem Ohr!"

„Ach, wollen S i e nicht die Güte haben," sagte der Rath kläglich, „Sie verstehen das doch gewiß so viel besser."

„Wenn Sie meinen!" Und mit einem Gesicht,

in dem wachsendes Erstaunen und Heiterkeit um
die Oberhand rangen, begann der Doktor eifrig,
das Antlitz des Leidenden einzureiben, der ihm ge=
duldig still hielt.

Während dieser Prozedur öffnete sich die Thür
des Zimmers behutsam, und ein Tablett mit Kanne
und Tassen in den Händen stand Fräulein Eva
hinter den beiden Herrn, als niedlichste Verkörperung
der „Chocoladière." Einen Moment blieb sie starr
vor Ueberraschung und Staunen — eine verräthe=
rische Blutwelle schoß ihr ins Gesicht, und die Tassen
in ihren Händen klirrten leise aneinander. Bei
diesem Geräusch wendete der Doktor Burg den Kopf
und der Rath winkte seiner Tochter ungeduldig.

„Nun — herein oder hinaus? Steh nicht in
der offenen Thür! Wozu bringst Du mir Kaffee
— ich darf heut doch keinen trinken! — Nicht wahr,
Herr Doktor?"

„O, ich glaube — ich weiß nicht, ob Ihnen
das schaden würde," murmelte Doktor Burg, der
an Röthe Eva nichts nachgab.

„Nein, ich riskire es nicht," sagte der Rath,
„aber, wenn ich Ihnen ein Täßchen anbieten darf?
— Wahrhaftig, Sie sind ein Wundermann, Ihre

Medizin thut mir schon sehr gut! Ach, ich bin Ihnen unaussprechlich dankbar! Nun, Eva, präsentire dem Herrn Doktor eine Tasse Kaffee!"

„Wenn mir Ihre Fräulein Tochter Gesellschaft leisten will," sagte der beglückte Doktor, „so nehme ich dankend an!"

Eva brachte kein Wort über die Lippen, sie saß schweigend, mit gesenkten Augen da und rührte in ihrem Kaffee. Der Rath, der egoistisch wie alle Leidenden nur mit seinen abnehmenden Zahnschmerzen beschäftigt war, beachtete das verlegene Benehmen des jungen Paares gar nicht, sondern fuhr fort, sich wohlgefällig mit den Essenzen des Doktors einzureiben.

Da öffnete sich die Thür abermals ein wenig. Die Hausfrau erschien und warf einen fragenden, noch etwas scheuen Blick in das Zimmer — dann trat sie über die Schwelle — ihr meist sehr wohlwollender Gesichtsausdruck schien einer kleinen Verstimmung gewichen zu sein.

„Nun, man ist ja, wie es scheint, hier ganz gut ohne mich fertig geworden," sagte sie, die Begrüßung Doktor Burgs etwas kühl erwidernd, „da bleibt mir ja wohl gar nichts zu sagen übrig!"

„Mama!" rief Eva in Todesangst.

„Ich wollte auch nur bemerken," fuhr die Räthin fort, ohne den Einwand der Tochter zu beachten, „daß ich eben zu Doktor Scholz geschickt habe! Es ist jetzt sechs Uhr, und da Du Dich noch nicht besser befindest, Karl, so hielt ich es doch für richtig, einen vernünftigen Arzt zu konsultiren!"

Der Rath sprang entsetzt vom Sopha auf.

„Emma!" rief er, „bedenke was Du sprichst! Bester Herr Doktor, verzeihen Sie die Unbedachtsamkeit meiner Frau, nein, es ist unerhört! Einen vernünftigen Arzt, was fällt Dir denn ein, Emma! Und wozu denn noch ein Arzt, ich bin doch, Gottlob, nicht schwer krank, und die Medizin von Herrn Doktor Burg thut wirklich schon fast Wunder! Nein, Herr Doktor, ich wünsche keinen anderen Arzt und bitte Sie als Beweis meines vollsten Vertrauens, unser Hausarzt zu werden!"

„Was!"

„Papa!" riefen die Frauen, wie aus einem Munde.

Doktor Burg, dem jetzt erst die ganze Tragweite des Mißverständnisses klar zu werden begann, trat lächelnd auf den Hausherrn zu.

„Wie gern würde ich diese Stelle annehmen, verehrter Herr Rath," sagte er herzlich, „die mir zugleich die so erwünschte Möglichkeit gäbe, oft in Ihr Haus zu kommen. Leider stellt sich dem aber ein kleiner Umstand entgegen, — ich bin nämlich Jurist, lieber Herr Rath, und Sie sind mein erster Patient! Wenn Sie mich bei mir selbst wegen Medizinal=pfuscherei verklagen wollten, ich müßte mich fraglos verurtheilen und hätte nur das Eine als Milde=rungsgrund anzuführen, daß ich, „der Noth ge=horchend, nicht dem eigenen Trieb," handelte. Sie ließen mich gar nicht zu Worte kommen, und ich schrieb Ihre Bitten, Sie zu kuriren, der begreif=lichen Ungeduld eines von Schmerzen Geplagten zu."

Der Rath stand sprachlos da.

„Aber was wollten Sie denn eigentlich bei mir?" brachte er nach einer Pause mühsam hervor.

„Nun, das darf ich Ihnen vielleicht jetzt sagen! Nein, Fräulein Eva, laufen Sie nicht fort, Sie sind ja die Hauptperson bei der Angelegenheit! Ich wollte Sie auch um eine Stelle in Ihrem Hause bitten, Herr Rath, allerdings nicht um die eines Hausarztes, sondern um die eines Schwiegersohnes!"

Der Doktor stand aufrecht in erwartender

Haltung vor dem alten Herrn, der ihm scharf ins Gesicht sah.

„Sind Sie der Assessor Burg," fragte er endlich langsam, „der in B.... bei dem Manne meiner ältesten Tochter arbeitet und ihn neulich vertreten hat?"

„Derselbe, Herr Rath, und gern bereit, Ihnen alle jetzt noch so sehr fehlenden Personalia in kürzester Zeit vorzulegen!"

„Nun denn," sagte der Rath, „die Sache will überlegt sein! Wenn meine Tochter nichts gegen Sie einzuwenden hat, so wollen wir hoffen, daß Sie ein so guter Ehemann werden, wie Sie ein guter Arzt für Zahnschmerzen sind. Vorläufig bleiben Sie doch heute Abend bei uns? Frau, wie wäre es, wenn Du eine Bowle machtest?"

„Herr Doktor Scholz!" meldete die Magd in diesem Augenblick.

„Mein Kollege!" rief Burg lustig, der inzwischen einen Moment wahrgenommen hatte, um sich Eva zu nähern, „da muß ich das Feld räumen!"

„Also, auf Wiedersehen beim Thee, Herr Assessor," sagte der Rath, „und Du, Frau, mach' die Bowle!"

„Die mache ich," sagte der Assessor, „ich will

beweisen, daß ich auch ein Rezept zu schreiben und sogar zu brauen verstehe, ich finde plötzlich sehr viel Geschmack an der Arzneikunde! Mein erstes Honorar ist gar nicht zu verachten, wenn es auch nur in einer schönen Hoffnung besteht!"

"Auf eine Bowle?" fragte Eva halb lachend.

"Nein, auf eine gute Frau!" erwiderte der Assessor.

\* \* \*

Daß an Evas Polterabend der „Doktor wider Willen" mehrmals auftrat, versteht sich von selbst! Und oft, wenn der Herr Rath wieder einmal sehr leidend sein und aus einer Mücke einen Elephanten machen wollte, erinnerte ihn sein Schwiegersohn an die erfolgreiche Kur jenes Nachmittags.

Dann mußte der Hausherr lachen — und hat man erst einmal gelacht, dann ist es nicht so leicht wieder zu jammern — besonders, wenn man es eigentlich nicht nöthig hat!